“衡中大语文”系列

得语文者得高考，得作文者得语文

衡中教你
课前演讲怎么讲

王文霞
作品

会说的孩子才会写

衡中作文配套读物

十九大党代表
全国先进工作者
全国三八红旗手

王文霞◎主编

人民日报出版社
北 京

图书在版编目（CIP）数据

衡中教你课前演讲怎么讲 / 王文霞主编 . -- 北京 ：
人民日报出版社， 2019.11
ISBN 978-7-5115-6190-9

Ⅰ . ①衡… Ⅱ . ①王… Ⅲ . ①作文课—高中—教学参考
资料 Ⅳ . ① G634.343

中国版本图书馆 CIP 数据核字（2019）第 208264 号

书　　名： 衡中教你课前演讲怎么讲
HHENGZHONG JIAONI KEQIAN YANJIANG ZENME JIANG
作　　者： 王文霞

出 版 人： 董　伟
责任编辑： 郭晓飞
封面设计： 金　刚

出版发行： 人民日报出版社
社　　址： 北京金台西路2号
邮政编码： 100733
发行热线：（010）65369527　65369846　65369509　65369510
邮购热线：（010）65369530　65363527
编辑热线：（010）65363486
网　　址： www.peopledailypress.com
经　　销： 新华书店
印　　刷： 大厂回族自治县彩虹印刷有限公司

开　　本： 710mm×1000mm　1/16
字　　数： 250千字
印　　张： 13.5
版次印次： 2019年11月第 1 版　2019年11月第 1 次印刷

书　　号： ISBN 978-7-5115-6190-9
定　　价： 45.00元

衡中学子创作团队

刘　媛	龙依琳	于稚洋	刘　阳	周晨曦	史一喆
胡佳霖	高一彤	柴　琳	陈泽玉	璐　璐	李泽辰
邵嘉晴	叶茜林	王亚美	贾明卓	于沛婕	魏瑀含
张紫彤	赵　畅	武语春	王子月	庞智铭	李　倩
李琛欣	赵一婷	方铁树	李禹皓	樊冬涵	管　郡
张义伟	刘宸旭	王　博	魏浩鹏	田　玥	张璐屹
赵亚美	耿思茵	田悦辰	董千祎	杨广宇	郑笑然
王　越	贺雨尚	吴昊泽	潘天岳	张锦翊	刘　婧
康竟文	马涵坤	秦　川	赵津漪	刘祉辰	方　岩
许喜宁	李慕紫	孙紫璇	靳艾佳	王禹博	李杭轩
陈千秋	赵婕妤	王文宇	申延童	张哲鸣	李　岩
兴　运	李艾博	陈　雪	刘天钰	艾琬柠	孙艳平
李哲玮	王笑纯	刘鸿琳	张凤智	安科宇	于露甜
崔浩彤	薛冬月	孙　彤	张艺瑶	李若彤	郝新雨
张梦圆	贾诗怡	林　夕	王乐彤		

目　录
contents

家

家是最小国，国是千万家

· 吾校

国

志学处世，家国为先

· 政治

情怀

以家国情怀养正人格品行

· 物

· 论

家

家是最小国，国是千万家

菜园里的小故事

刘媛

说起菜园，不知你是否会想起鲁迅先生描述的场景——“碧绿的菜畦，光滑的石井栏，高大的皂荚树，紫红的桑葚……”我家屋后就有这样一片天地，一个说大不大、说小不小的温馨菜园。

说实话，这个菜园算不上漂亮，不像童话中描述的有一圈华丽的栅栏。环绕并保护着这个菜园的是摞起来的砖，门口守卫的是一条叫作豆豆的小土狗，它不咬人，老喜欢傻叫，一蹿老高。

菜园被划分为大小不等的四五块，高架子的南瓜、黄瓜和豆角种在里面，外面则种了些小白菜、西红柿、辣椒、葱。这里很朴实、很简单，却承载着我数不清的美好回忆。

春天的某个早上，我和爸爸一起种菜的时光悄然开始。种子躺进土壤之前，要先给土壤浇水。水不能多，水多泥泞会让人下不去脚；水不能少，水少土干了就会结成块。展示爸爸种菜技术的时候到了。爸爸先用锄头把已经浸湿的土块敲一敲，使其碎成绵绵的细土，随即几列小沟壑便一点点整齐地排布开来。爸爸嫌我拿菜籽慢，撒得也不匀，便抓了一小把菜籽，让菜籽均匀地从指缝间滑下，落入坑里。每粒菜籽落的位置都恰到好处，手法干净利落。这功夫我是服气的，相信终有一天我也可以成为一个高手。

松土、播种、匀土，每一步都是那样令人喜悦，就像是播撒希望、等待未来。

菜园也有小风景，有“儿童急走追黄蝶，飞入菜花无处寻”的时候，也有被大马蜂撵得落荒而逃的狼狈时刻。也曾看着哥哥全副武装地捅马蜂窝，那步步惊心的感觉让我久久难忘；也曾在夏日的黄昏偷偷摘西红柿，带着被蚊子叮的大包满载而归。抓虫子、撵蝴蝶、数蚂蚁的童年，仿佛并没有走多远。

菜园是我的乐园，也是个小小实验室：一个半大的西瓜直到长得很显眼，才被我惊奇地发现；吃辣椒也很刺激，头天把辣椒放进菜里没啥感觉，第二天再吃，那劲头足够让人“火冒三丈”；我种了一小片草莓，可惜刚刚结果就被小鸟和麻雀们抢光了；两年前我本以为种下的是葡萄树，今年结果时才发现竟是嫩青的提子，酸酸甜甜的味道倒也不失为一个小惊喜……每一次播种希望、收获欣喜，最让人心生愉悦的不是果实成熟反而是植物成长过程中的漫长期待。有时候，我会照着书上讲的，晚上亲自去见证它们的成长。月华将水果洗不掉的鲜艳变成滋润的深暗，我看到这些欣喜的馈赠在不远的明天昂首欢呼……

像是农耕文明的回归，这种对土地的深深眷恋已经融入我的血肉，我肆意沐浴着“采菊东篱下，悠然见南山”的静谧，明媚的阳光如同碎玉一般翩翩起舞，微微的晨露在清晨湿润的芳华中氤氲。

我猛然意识到，这个童年甜美的梦如此触手可及，却宛如泰戈尔的飞鸟与鱼般难以到达，而我并不在意，只愿在可以触碰到的此时此刻，与君一醉一陶然。

……………………………………………………………………………………

【点评】

作者用了很大篇幅描写小菜园中的点点滴滴，字里行间可以感受到作者对童年的美好回忆。翻土、播种、灌溉，本是很寻常的农耕过程，在作者的笔下变得生动而有趣，极富画面感。

悠悠深情话爷爷

龙依琳

一代人有一代人的特色，一代人有一代人的故事。有人说，酿造时间越长的酒越醇厚，而我想说，经历过越长岁月的人品起来才越香醇，尝起来才越有嚼头。正如许多人的爷爷奶奶一样，我的爷爷奶奶一路风风雨雨，如今已经65岁了。岁月带走了他们曾经青春的容颜，却无法磨灭他们对生活的热情，无法带走他们对儿孙的影响，他们的那份希冀与深情更加令人感动。

在这里，我想讲讲我的爷爷，一位对我有着非凡意义、平凡而又特殊的老人。

我的爷爷，一位慈祥的老人——其实我并不想用“老人”这个词来形容爷爷，一来是因为联合国卫生组织定义60岁才步入“预备老年”，二来是因为爷爷在我心中永远年轻，永远有活力。爷爷对我的爱，是那么浓深，那么珍贵，每每想来，我总觉得心头暖暖的……

自打有记忆的幼儿园时起，爷爷便是我心目中神一样的存在。

儿时的我，总对绘画书、橡皮泥、水彩笔等玩意有莫名的亲切感，每每走到陈列着丰富多彩物品的小店铺门口便迈不开步子，吵闹着买这买那。爸爸妈妈不会纵容我，因为家中这样的物品已经堆成小山，他们通常任由我哭闹耍赖，拖、拉、抱我回家。但我的任何要求在爷爷那里几乎都能得到满足。都说隔辈的人会更加宠溺孩孙，还的确是这样，“只要孙女高兴就行”是爷爷最简单的道理。如今，爷爷回忆起往事，还总会笑着拿我的儿时打趣。那时每当爷爷满足了我的小心愿，我总会仰着小脸赞扬道：“爷爷是个好爷爷！”不知当时是不是想着嘴甜些把爷爷哄高兴了，下次就可以再得到想要的东西呢?

小时候，总觉得身高一米八的爷爷很魁梧，也很有力气。

儿时家中有一面很大的镜子，独占了整面墙。爷爷喜欢在镜子前用双手将我从身后托起来，像荡秋千一样将我荡得高高的，使我感受到如山车般的刺激。每每爷爷从外面回来，我便兴奋地扑上去，我们爷孙二人就开始了每日小游戏，玩得不亦乐乎。

不知何时，我长大了，长高了，爷爷再也不能像我小时候那样轻而易举地将我托起来悠得那么高了。因为搬家换了新房，那面大镜子早已不知去向，但那面镜子中映射出的爷爷与我一同游戏的画面却时常在我脑海中浮现，那是爷爷带给我的一份弥足珍贵的回忆与礼物！

爷爷年轻时生活条件十分艰苦，而他又是家中的老大，在完成小学学业后便挑起了一家的重担，再没进过学堂。尽管爷爷文化水平不高，但他从未忽视过对我们孙辈的教育。他总是语重心长地提醒爸爸妈妈：“一切事情都不及子女的教育重要，你们要多在孩子身上用心。”

初中时我便离开了家乡到外地求学。听妈妈讲，在我走后，爷爷时常眼睛里闪着泪光呆坐在家中，再偷偷将眼角的泪水擦干。我知道那泪水饱含了对在外求学的孙女的深切思念与牵挂，又充满了希冀。我无以回报，只能更努力一点，更坚强一点，更成熟一点，少让家人担心，多让家人放心。

每次与爷爷通电话，爷爷都会关心我的身体是否健康，鼓励我在学习上遇到困难不要沮丧害怕，告诉我起伏进退很正常。老人家的语气是那么平和，又充满关切，带给我无穷的力量。

作为家中的长辈，爷爷就如同坚实的顶梁柱，把整个家庭支撑维系得那么和谐。有爷爷在，无论在哪里，总觉得心里那么踏实、温暖，总觉得一切困难挫折都会过去。爷爷爱看新闻，关心国家大事，他把习大大说的“正能量”运用到家庭建设中来“齐其家”，要求我们每个家庭成员都传播“正能量”，营造和谐的家庭氛围。我深受爷爷的影响，也努力保持积极向上，做一个能带给身边人“正能量”的积极分子！

海子说，我们最终都要远行，最终都要与稚嫩的自己告别，告别是通向成长的苦行之路。是啊，总有那么一个人静静守护着你，给你最坚定的支持与最强大的动力。尽管每次离家前与爷爷的离别都那么想让人落泪，尽管每年只有寒暑假才能与爷爷见面，但我会用告别来让自己成长，带着爷爷给予我的那份沉甸甸的爱，越走越远！

【点评】

作者用了大量笔墨回忆与爷爷在一起的日子，读来感同身受，让人情不自禁地想到一样无私、一样周到的家人，他们对我们的爱是这世上最香浓、最醇厚的美酒，令人陶醉。作者是一个知恩图报的小姑娘，她深深懂得爷爷对自己的厚爱与希冀，所以，文末再次点题：好好努力，认真成长，以此回报爷爷。

我这神奇的一家人

于稚洋

今天我们暂且将“位卑未敢忘忧国”的大家国情怀放一放，谈论下小家。因为我的家有太多太多值得我去珍藏、去回味、去分享的事情，我不能拍着胸脯说自己是个孝子，但我对家人爱得深沉，以至每每提及，总会热泪盈眶。

人人都说我爸比我帅，这点我承认。他是家中的灵魂人物，平时最爱打台球，而且水平很高，作为业余玩家能与唐山首席职业选手战平，球龄比我年龄都大。我上高中以前，经常和他一起去打球。他很享受打球的过程，总会沉浸在无穷的乐趣之中。即使我打100多杆只能靠运气赢一次，我也很乐意陪他打——输赢都不重要，最重要的是陪着他让他开心。不过现在他更忙了，作为“地道站”（地方道路管理站）站长，他宵衣旰食（交通局也属政府部门），天天开车去村里勘察。一天跑遍大半个丰润区（比桃城区不小），平时连老家也回不了几次，真是忠孝两难全。我真的很心疼我爸，都40多岁了依旧这么拼，有时还得为我操心——我放假他会急急忙忙赶来接我，我返校没等我进校门又急急忙忙往家赶，真的很操劳。我注意到，他的头发又比原来稀疏了不少。

我妈的奋斗史比较曲折，先从政后下海，从办公室主任到店长、总代理再到地区长（相当于公司营销经理），她将自己的岁月都扑在对事业的探索上，虽然有过波澜起伏，但现在她的事业蒸蒸日上，可谓“运筹帷幄之中，决胜千里之外”。上回老班还兴致勃勃地找我妈调养了一下身体，顺带做了个家访。我妈在我心里就像冬天里的小叶黄杨，虽有枯枝败叶，但躯壳仍坚立向阳，凛剑穿身腰未断，素琼遮面目犹光，成就寒冬中那抹凝重的绿色——我妈叫冬青，冬青与小叶黄杨十分相似。

我在桃城区有三个地方能住，省去了住宾馆的钱：我小姨一家在此定居，姥姥姥爷通常也在这里照看我表弟；我妈因为要盯着衡水的店面，每个月有半个月左右都在衡水。我从 2006 年开始就年年来衡水，对城区已经轻车熟路。这些对来衡中上学的我来说，算是天时地利人和的优势。其他同学因家长太忙而时常留校，心中燃烧着刻苦报恩的热情，还会有小小的思念；像我这样开场已经有了“Buff”的同学们，好好珍惜并利用其走向胜利吧。

2017 年的 6 天寒假和 4 天暑假我都回了唐山，其间回老家村里两次，另外，半年看一回爷爷奶奶。爷爷奶奶都是扎根在村子里的小农，安土重迁，不过老两口平日里种种地、养养鸡，和村里亲戚一起唱唱戏，也是玩得不亦乐乎。前些日子姥姥姥爷回了趟唐山，顺便拜访了一下亲家，回来向总惦记着老家的我报了个平安，让我心里舒坦了许多。

我在新西兰留学的表姐这次刚回来，我因为上学没跟她见面，特别遗憾。我是独生子，所以一直把表姐当亲姐看。记得小时候我抢了她的方便面，她气得直哭……

我们家几乎所有人都在为各自的目标拼杀于各自的“战场”，但团聚时总是温馨的。我和我妈谈天说地，很有共同语言，我在家说的话比在学校说的话多几倍。只有青春期没有叛逆期，代沟也只是个别时刻，一家人嘻嘻哈哈，亲情四溢。我一放假，姥姥就会掌勺做一桌子菜，每次都有我最爱的炒豆角。吃得 high 聊得 high，而且保证最后盆干碗净，因为这样姥姥才开心。更待放假家饭熟，共亲一乐一陶然。家人开心，便是我尽的最大孝心吧。我就像是一颗渺小的青涩果实，生长在这样一个大家庭里，慢慢地汲取养分，淡淡地开花结果，静静地成长成熟。

离家在外的学子都怀揣着对家人的牵挂和思念，当我们想用不愉快的事情做借口踩下刹车板时，不妨想想在我们身后守望着我们、谱写故事的家人。热忱之心，不能泯灭，在人生的狂风暴雨中，即使拖着湿透了的疲惫身躯，也要坚定地踩下加速器，伴随着隆隆的轰鸣声继续向前。

保持航程，这份思绪就能穿透人间的风，传达到家人的心上。

……………………………………………………………………………………

【点评】

作者通篇扣题，介绍自己一家人的性格特征，运用多种写作手法表现家人的“神奇之处”，字里行间流露出对家人的爱与尊敬。

悠悠母女情

刘阳

都说女儿是妈妈贴心的小棉袄，但这句话对于12岁之前的我并不适用。用妈妈的话说，我是个倔强到让人无可奈何的孩子。听妈妈讲，12岁之前的我几乎天天挨训、挨揍：我会在寒冷的冬日因奶奶忙不肯抱我而毫不犹豫地跳进水盆，那时才2岁左右；我会在狂风侵袭时哭闹着去买家里已有的饼干，谁哄都不听……妈妈无数次因我的无理取闹而落泪，对我这个软硬不吃的孩子无奈至极。当然，这仅限于小时候的我。

时光流转，我在一次次的哭闹中慢慢长大。妈妈说，她的女儿变了。我学会了在妈妈忙得不可开交时默默做上一顿饭，听妈妈称赞多么好吃；我学会了在妈妈午睡时偷偷地来次大扫除，在妈妈醒来时给她一个惊喜。妈妈和我，也变成了无话不谈的“姐妹”。我们会对一件衣服交换看法，会对一个英语短句谈论不休，会对一本小说交流读后感……在我的记忆中，我们讨论物理现象最多。妈妈爱物理，潜移默化中，我也产生了好奇；妈妈爱看书，言传身教让我爱上了阅读。在我的学习生活中，妈妈胜过一切课本，是带给我兴趣的最棒的老师。

转眼间，我已进入初中。妈妈说：“我们以后在一起的时间屈指可数了。从你离家住校的那一刻起，回家的次数会越来越少。”我无法形容听到这些话时的感受，也不敢想象妈妈是怎样的心情，只觉得，妈妈这个称呼将变得更加珍贵。

每次放假，我都会早早写完作业，搬着小凳子坐在妈妈对面，给她讲学校的各种趣事。晚饭时乖乖坐在餐桌旁，吃着妈妈新学的佳肴，听她调侃：“你们离家越来越远，我要给你们留下妈妈的味道。”初中三年转瞬即逝，我和妈妈没有过一次争吵。

步入高中，假期越来越少，不敢想象，一年中，我可以陪伴妈妈的时间有多少。学校平均三周放假一次，可大多数放假时，妈妈接到的是我要留校的消息。

妈妈的心里，一定会有不舍与难过吧。其实，我何尝不想回家，但想到爸爸要在整日忙不完的事情中挤出时间来接我，有时还要忍受腰疼与熬夜后的困乏，我便无法再要求次次放假都回家。希望缺失的一些陪伴，在高考之后可以弥补上吧。

现在的我，不是最优秀，也无法拿其他的东西回报母亲，唯有学习上再认真一点，再踏实一点，再努力一点，用进步去回馈她。

其实想想，我们每个人不都是如此吗——怀着对父母的一份情，在高考的路上厮杀，我们的一句“辛苦了”，对父母来讲是当下最动人的话。

【点评】

作者对母亲的深情令人感动，文中回忆与母亲在一起的点点滴滴，以小时候的“不懂事”衬托现在的“懂事”，表达了对母亲的愧疚与感激之情。作者决心用认真学习、努力进步来回馈母亲，升华了主题。

不如回故乡去

周晨曦

也许和你们不同，我的血液里浸润着青草的气息，我的生命扎根于农村的土壤。我总想着不如回故乡去——我老家的一草一木、一花一树、一人一物在我的心里都绽放成绚烂的花。

我的老家在南公村，是一个绿树掩映的小村庄。相传一千年前，这里是北宋和辽国的边界，辽国举兵久攻不下，因而被称为“难攻”。后来附近的百姓移居留住，村名也就变成了“南公”。穿越千年战火，这里似乎被染上了一层英雄的荣光。高中以前的节假日，我都是在这里度过的。

一

每逢春风绿了河岸，一切生命经历了寒冬战栗都苏醒过来，猫，自然也不例外。小村庄中猫尤其多，时常能看到成群结队的猫扫荡每家每户的景象。大多数的猫居无定所，习惯了流浪，一般的人家困不住它们。在它们身上我总能感受到一种“不如相忘于江湖”的侠客情怀，夹着些“今日你对我爱搭不理，明天我让你高攀不起”的高傲。老家可以说是猫的天堂，在鼎盛时期，携家带口的一群猫通常有十多只。

明媚的午后，蝉似乎也叫得慢些，老家庭院中总有几只猫窝在玉米垛上慵懒地晒着圆滚滚的肚皮，几只猫蹲在窗台上嘴角咧开打着哈欠。老家的猫，模样不同，性格各异，我给它们取了“豆沙包”“棉花糖”“巧克力”“酥曲奇”等勾人食欲的名字。“巧克力”总是喜欢在你蹲下时跳到你腿上，拿自己的头顶着你的下巴，明亮的眼睛里隐着笑意；“酥曲奇”总是喜欢在你深夜去庭院中的厕所时悄无声息地走到你跟前叫一声吓你。我极爱这些高傲的小东西，岁月静好，猫儿绕膝，又何尝不是人间极乐？

二

儿时的玩伴，虽谈不上肝胆相照、荣辱与共，但当初到小卖部里你送我两毛钱的西瓜糖、我给你五毛钱一袋的辣条，这种情谊都是真的，不掺杂任何一丝杂质。老家所在的那条深深的小巷里，孩子清一色都是小丫头。我领着几个比我矮半头的小朋友玩，颇有些山大王的威风。几个小丫头喜欢凑在一起玩炒菜的游戏，老家门前那个夜晚乘凉用的青石板成了完美的案板，道路两边那一丛丛不知名的杂草便是嫩绿的青菜，再加上用砖垒起的灶台、架在砖上的铁板，放上玉米核、玉米皮，再用几张纸做引子点燃，铁勺一挥，小丫头就成了大厨，阳光映照着一张张甜甜的笑脸。

午夜梦回，梦里总会回到那个时候，在一条小巷中，几个小丫头凑在一起，不停地向火堆里放玉米叶。簇簇烟雾在阳光下升腾，丫头们一边咳嗽一边咯咯嬉笑，笑声一直传向远方。

三

我的爷爷奶奶从祖辈起就是生长在这个村庄里地地道道的农民，他们也如脚下踩着的黄土地一般深沉。爷爷是十里八乡远近称道的瓦匠好手，他的兄弟姐妹有的去了内蒙古，有的北上闯关东，而爷爷留下来娶妻生子，侍奉着自己的老母亲，过着辛苦却平静的生活。爷爷文化水平不算高，却把自己的孩子教育得都很优秀。前些年，爷爷写了一首打油诗，句句透着他对孩子的殷殷嘱托："人的一生男和女，出生不知何日死。人是阳间浑水鱼，不知何时把世离。婚后生来儿和女，不为别人为自己。千万把儿管教好，让他知老又知小……"句句朴实却是真理。

奶奶是一个雷厉风行、做事麻利、永远年轻的老太太，总是保留着对生活不服输的激情与乐观，年轻时就算背 100 斤左右的粮食也不在话下。

原来住在老家的时候，睡的是北方农村里常见的那种土炕。土炕的下方直通卧室的锅底，每当烧火做饭时，热气便顺着通道直达土炕，一直暖到心底。

夜晚睡在爷爷奶奶身旁，没有都市的霓虹灯光，深夜窗外的天空如同一条蓝色的天鹅绒幕布，满天的繁星如同散落其上的细碎钻石，这世界的一切都那样静谧，远方时而传来一串犬吠声打破宁静，身旁爷爷奶奶的呼吸声温柔而又平稳。

我曾经看到过一则则新闻报道，有"我最无助的时候，你爸躺在地上，而你在通讯录里”的无助伤感，有“孙子，爷爷家装 Wi-Fi 了，过年的时候回家吧”的失望期盼，读来感慨万分，每每这时，思乡情更重。老家没有网络，房屋年代也有些久远，但当你远离了城市的喧嚣，这里的一切都刚刚好。

不如回故乡去，去体味白云依傍在林顶的细柔绵长，去感受生命奔跑在田野间的自由欢畅，去欣赏更美丽的风景，去遇见更美好的自己。

【点评】

作者缓缓道来，从猫、儿时玩伴和爷爷奶奶三个角度展开故乡的点点滴滴，可以感受到作者对家乡深沉的爱——不如就回故乡去吧，回到心中最纯真美好的地方去。

家的故事

史一喆

记忆的长河里，总会有一个个打动心灵的时刻；时空的烟海中，总会有一只只等待捡拾的珍藏。家的回忆不是浓墨重彩的，但总是最美丽的。这里我想谈谈上次回家的感受。

只要学校放假，我基本是有假必回。我不是一个从初中就住校的孩子，因此高一时初来乍到一个全封闭的校区觉得很不适应。内心对家的渴望，爷爷奶奶对我的想念，始终充斥在我心头。升入高二，习惯了住校生活，回家的次数越来越少，见到爷爷奶奶的机会也越来越少，这次回家，终于见到了他们。

奶奶家在三楼，刚到一楼，我就听到了家的声音——那伴随我走过 15 个春秋的阵阵呢喃。越走越近，那熟悉的影子也在氤氲的射影下笼罩出一层云蒙的气息。我似乎看到了奶奶半倚在楼梯旁蹒跚的身子，听到了爷爷铿锵有力的脚步，还有那四目相对、盼望着孙子到来的殷殷眼神。家的气息啊，越发浓厚地飘在久违的楼梯上。我三步并作两步，赶忙蹿上楼。

刚一进门，热气就裹住了我，紧接着就是“啊哈”一声，奶奶的嘴咧得像正月里的月牙，搂着她两个月没见的孙子迟迟不肯松开。爷爷招呼着“开锅了，赶紧煮饺子”，我分明看到了他脸上有如除夕夜烟花绚烂般的笑容。

饭菜早就准备好了，就等我回来。奶奶推搡着，把我挤到了一旁的专座上，自己却一跛一拐找了个小板凳坐下来，露出婴儿般真切的笑容。在我不留意的时候，爷爷已经把桌上的菜倒腾了个遍，离我最近的绿叶菜也被肘子换走。全家就座后，爷爷紧着往我碗里夹肉，一面向我妈传授烹饪的关键，一面还不时用手比画出蒸煮的样子。“传女不传男。”奶奶一句接一句地打着岔。欢乐的气氛在狭小的空间里肆意激荡，温暖了我的心，也慰藉了爷爷奶奶期盼已久的心灵。

欢乐的时间在欢声笑语中逐渐流逝，眼见就要分别了，爷爷拉着我的手迟迟不肯松开，重复着重复了一次又一次的殷殷叮咛："先有好身体，再来谈成绩。"我依依不舍地挽着奶奶的手，一小步一小步地移过了门槛，挥手作别后，我又回过头不舍地看了最后一眼：那耄耋之年却依然炽热的心，那逐渐凝固的笑容和定格的身影。

【点评】

作者着墨描写放假回到爷爷奶奶家的故事，细腻而欢乐，真实而动人。结尾处，老人的叮嘱，我的依依不舍，挥别后的回望，使情感更为饱满。

想你

胡佳霖

落落曾说："原来我们什么也战胜不了。之前是命运，之后是回忆。"

我怕回忆，时常掉进回忆的旋涡里天翻地覆。今年暑假，她走了以后，我就愈加怕回忆起和她在一起的点点滴滴。想起以前安慰别人的时候，我的道理讲得头头是道，可自己一遇到事就立马无法自拔，只怪情绪作祟，故事太伤情。

我从小就是她陪着长大的：陪我玩游戏，陪我去买我喜欢的玩具，陪我去吃街边的垃圾食品……我的童年因为有她而格外美好。

那时我家在六楼，没有电梯，她上起楼来噌噌噌不带一点疲惫，可后来她上两层楼就要歇好几次。从幼儿园到小学，她给我的回忆比爸妈给我的更充实、更丰富。小学时我喜欢吃羊肉串，她就买了铁签子和新鲜的羊肉，把羊肉洗得不带一点血水，然后一块块穿到签子上，放进滚烫的油锅里炸。签子时常扎到手，热油时常溅到皮肤，但她看我吃得津津有味、满嘴是油，便会露出小女孩般满足欣喜的表情。后来我吃过好评无数的老字号羊肉串，任作料再诱人，样式再丰富，也吃不出童年的滋味和满足感了。

上了初中，我被送回爸妈身边，但还是会有事没事就往她家跑。她给我做水煎包，蒸大肉包子，擀面条……我的胃得到了极大的满足，以至于住校之后，一吃食堂的饭胃就难受。后来她身体每况愈下，连擀面杖也没有力气拿起来了，我也就许多年再没吃过能让我的胃舒服到近乎爆炸那种感觉的面条，而且以后再也没机会吃了。

她得了很严重的病，爸妈却瞒着我说只是一点小病，傻傻无知的我就信了，直到后来无意间看见妈妈在网上百度"胃癌"，奇怪之余想到了她的病。12 岁的我经过一晚上的思想斗争之后接受了这个事实，可是当爸爸亲口告诉我时，我还是没忍住落了泪。

等我上了高中，她的身体就更不如前了。我半个月回一次家，第一件事就是去她家里看她。她总是紧紧抓着我的手，眼里含着泪，仔细端详我的脸，心疼地问我是不是学校的饭不好吃，或者温柔地嗔怪我在学校不好好吃饭。我胖了她也说我瘦了，总是一遍遍问我学校的饭是不是不好吃，是不是没有好好吃饭……

她文化水平不高，却始终是我学业最有力的支持者。她偷偷告诉我，她在衣柜的密格里藏了好多钱，都是留给我以后上大学、读研用的。我每年的压岁钱就她给的最多，钞票也是崭新的，整整齐齐、朝向一致地放在红包里。只可惜，以后再也收不到她送的红包了。

她住进了医院。其实她一直是不肯住院的，她怕花钱，可还是被家里人说服去了医院，因为她的身体状况已经不允许她再撑着了。患病 4 年多，她的体重下降到 80 多斤，皮包骨头的样子让人看了着实难受。她在医院的时候完全像个刚刚出生的小婴儿，每天吃不下几口饭、喝不了几口水，大部分时间就是在睡觉，睡得很轻、很轻，像时刻萦绕却又永远触摸不到的空气。

第一个暑假我去医院看她，她在睡觉，我轻轻坐在她的身边，她醒了，看见我挣扎着坐起来，像往常一样紧紧抓住我的手，细细端详我的脸，眼中噙着泪珠。第二次去医院看她，她在轻轻地睡觉。看护的小姨告诉我她已经意识不清楚不认人了，今天来看望的亲戚她都不认得了。我怀着沉重的心情走到床边，想象着她茫然看着我不知我是谁的样子。后来她醒了，可没有力气再坐起来，小姨问她："这是谁啊？"她似乎用尽能用的所有力气说："霖霖啊……"一刹那，我的眼泪夺眶而出。没有什么能说的了，我只想这样静静地看着她，看岁月静好、花开花落，陪她走到时间尽头。

第二个暑假放假那天，我直接被拉回了老家，等待我的是躺在冰棺里的她——是的，我没能见到她最后一面。她参与了我生命的每一秒，我却错过了她生命的最后时刻。下葬那天，我麻木到没了眼泪，只是呆呆地听从大人的指令做这做那。

后来我经常做梦，梦到她，梦到她做的羊肉串和水煎包，梦到她送我去读大学送我出国读研，梦到她心满意足地看着我结婚生子……她说她也很希望看着我长大成人，只是老天爷没能让她实现她的愿望。

她是一个普普通通的农民，她是我的姥姥——最爱我的人，我最爱的人。

……………………………………………………

【点评】

作者娓娓道来与姥姥相处的一点一滴，字字句句都充斥着对姥姥的爱与想念，读来使人心痛，多余的点评只怕扰了作者的回忆。家人一点一点走出我们的视线与生活，却不会走出我们的思念。

乌鸟私情，愿乞终养

高一彤

曾抱怨时光的脚步太慢，总也走不到我期待的长大成人，蓦然回首却发现，时间是个印章，印下了我的成长痕迹。时间更是一把无形的刀，给陪我成长的人刻下了岁月的痕迹。

如果说上了高中后，我最常想起谁，那一定是我的姥爷。

作为家里八个孩子中的老大，姥爷从小就承担起了长子的责任。烧柴做饭，下地种田，照顾弟妹，他是家中的顶梁柱，更是弟弟妹妹们可以依赖的大哥。十几岁时，他选择入伍，成为一名空军跳伞兵，后来由于意外导致眼睛受伤，只能无奈退伍，开始了种地的生活。

或许在有些人眼中，种地是一项吃苦受累的事，但在姥爷眼里，种地不只是为了糊口，而是一项爱好、一种使命。从22岁开始，姥爷便全身心投入到种地之中，无论寒冬还是酷暑，他都坚持每天5点起床。太阳刚从地平线上露出张望的眼睛，姥爷已经挽起裤腿在田间辛勤劳作，这一坚持，就是46年。姥爷在那片生他养他的黄土地上劳作着、奋斗着、奉献着，像千千万万的中国农民一样，坚毅、宽厚而沉默，以黝黑的皮肤阻挡烈日的灼烧，以粗糙的双手撒下希望的种子，以流淌的汗水换取收获的快乐。

在姥爷眼中，我似乎总是六七年前那个长不大的孩子，会争着要过年时的第一个红包，吃饭时要摆上三四个喜欢的碗，冒着被磕得青一块紫一块的危险在桌边滑滑板……但是时间似乎不那么仁慈，它像一个总偏向一方的天平，我站在天平的这一端，姥爷站在天平的那一端。姥爷把时间、精力全部奉献出来，我则在天平的这一端欣然接受，于是这个天平渐渐地不平衡起来，我坐拥着大把时光、无限疼爱，姥爷的那一端却高高翘起。这个天平每翘起一点，我就长大一点，相应地，姥爷就老去一点。

从 6 岁到 16 岁，我成长的 10 年时光中，姥爷每年都会不远万里从老家安徽的一个小村庄乘车到河北廊坊照看我两个月。有时赶上高峰期，买不到火车卧铺票，姥爷就坐大巴车颠簸十个小时，然后风尘仆仆地出现在我面前。一次使用农用机械时，姥爷不慎伤了脚，在医院做完植皮手术、打好石膏后，只能暂时拄着双拐休养。但得知我急需照顾，姥爷二话没说，默默收拾好行李，又出现在我面前。在姥爷心中，我是比他自己还要重要的存在。

从学前班到初中毕业，姥爷陪伴了我 10 年的时光。这 10 年，他看着我从懵懂调皮的小孩子成长为成熟稳重的少年，看着我从事事依赖父母到可以独当一面，看着我一次次挫败一次次成功，看着我独立的步伐越迈越稳，行走的距离越来越远，回家的次数越来越少……我像渐渐脱了线的风筝，渴望在广阔的蓝天里闯出自己的一番天地，姥爷却是留在原地放风筝的人。年龄的距离、身体的差异让他无法追赶我的脚步，他只能默默地站在原地，抬头仰望着我的"渐行渐远渐无书"，担忧着我的"别有人间行路难"，祝福着我的"年少风雅鲜衣怒马"。他是放风筝的人，也是放飞风筝的人。

10 年的陪伴，姥爷为我的成长创造了无忧无虑的环境，我在时间的荒芜中拥有了一切，姥爷却在不知不觉中深邃了皱纹、花白了头发。

李密曾在《陈情表》中写道："乌鸟私情，愿乞终养。"我亲爱的姥爷，请您慢一点变老，请您等一等我成功的步伐，请您让我成为您的骄傲。

……………………………………………………………………

【点评】

作者将时间比作天平的说法太妙了，我们慢慢长大而家人却悄悄变老，少年像是断线的风筝，而风筝为何飞得高，因为地上有人蹒跚奔跑。

月是故乡明

柴琳

上幼儿园的时候，由于爸爸妈妈工作忙，每到假期我便回到老家，和姥姥姥爷一起生活。

那时，空气清新，除却阴天，月亮总以最美的姿态展现在人们面前。明月如镜的夜晚，柔柔月光从天空洒下来一片皎洁，地上明亮如昼。溪流里的月光更是醉人，像洒落了一地的碎银，映上灯火，冷暖交织，和着蛐蛐的叫声，给人一种静谧之感。

姥姥家的院子很大，院里有棵大槐树，高过了房顶。夜幕降临时，站在院子里，就能看到一轮圆圆的明月从邻居家的槐树上慢慢升起来，升到树顶，升到天空中。大半个院子洒满了月光，只有东南角铺着阴影。每到这时候，我便会搬出小凳子，和姥姥一起坐到院子里。以月亮为背景，姥姥会给我讲许多的神话故事。

那是我度过的最模糊也最清晰的时光，蒲松龄的美人狐妖、唐僧的九九八十一难、嫦娥偷吃的仙丹以及天上神仙极尽奢华的美宴酒会……那些神奇、迷离却又让人着迷的故事，都随着姥姥手里的蒲扇，轻轻飘进我的梦里。

记忆里，中秋佳节，圆月高悬，比那月更令人喜悦的是姥姥亲手做的月饼。在节日之前姥姥就开始准备红糖、花生、大枣、果仁……随着不成形的面被做成规则的圆形，我知道，我又有口福了。小时喜甜，尤爱姥姥做的豆沙馅的月饼，咬一口，呀，真甜！迫不及待地咬第二口，便尝到了大枣特有的香气。姥姥在一旁笑眯眯地看着我，一边给我递水一边说："别急，慢慢吃，姥姥这里还有很多呢！"我又拿了一块，递到姥姥面前："姥姥，你也吃！""呵呵，我家琳琳真懂事！"姥姥和我一起在明亮的月光下吃起了圆圆的月饼。后来，纵然见识到市面上月饼的花样不断增多，但我最爱的仍是月光下姥姥用心做的月饼……

欣赏月光，享受月光，除了在自家庭院里，还曾无数次在村外的田野上。

田野上空的月亮和月光与庭院上空的月亮和月光给人的感觉是不同的。在院子里，头顶上的月光被四周的墙壁包围，人在院中犹如蛙在井底，仰望空中的月亮犹如坐井观天，目光不能自由，无法驰骋，视野受了不小的限制，难免有点不畅快。而田野上无遮无拦，目光是自由的，随便你望到哪里去。

春天可以欣赏麦田的月光，一片连着一片，远处海洋似的铺向了天边。被月光照亮的麦田，比白日的麦田更美，像是披上了一层闪亮的轻纱。

夏天，绿色的田野到处飘溢着草木和庄稼的清香，月光洒在茂盛的庄稼上，和着那晶莹剔透的露珠，颇有神秘的意韵。

秋天是收获的季节，田里成熟或未成熟的庄稼，在幽静的夜晚，在浩荡的银辉下，吐着宜人的芳香。粮香果甜，处处迷人。坐在秋天的田野上，望着天上的圆月，很远的距离竟也能引发无数联想：远穹之处，可有仙人？

冬天，空旷的田野里，冷霜之上的月光就像一片片积水那么明亮。在月下行走，仿佛能听见月光溅起的声音。望着空阔的大地，望着远处灰色的村子，我忽然意识到，月亮同太阳一样，都是我们的守护神；失去月亮和失去太阳一样，都是不可想象的灾难。

记不清多少个夜晚，姥爷踏着月色从田野上回来；记不清多少个夜晚，我在姥姥的看护下玩遍整条小巷；记不清天上的月亮，曾给我们送过多少光明和喜悦。

月是故乡明，已长大的我似乎有了些体会，又似乎没有全懂。如今在校园里抬头望月，月未变，但月光下的不再仅仅是有血缘关系的亲人，还有我的同学、老师，陪我一起，从月升到月落。

家乡的月亮，我只能在记忆中寻找，而眼前的月亮，伴着那些人，陪我一起，走向远方。

【点评】

从自家小院的中秋圆月写到家乡田野的皎白月光，再到校园中的离乡月，作者渐渐明白“月是故乡明”，但也更加明白不能只沉湎于过去的虚幻，更要坚定向前，走向远方。

我的“老连长”

陈泽玉

我家有一位“老连长”，她有着多年与艰苦生活斗争的作战经验，纵使岁月的刀刃与子弹给了她数不尽的伤疤，她依然在我的生命中挺立。

她叫连英，我的母亲兼导师和朋友。我和老姐给她起了个绰号叫“老连长”，老姐还爱叫她大英、英子。17 年来，她陪我走过了一段段平凡而又不平凡的岁月，带我经历了一场场泪与笑交织的冒险。

我与“老连长”的故事，希望你们喜欢。

生命不息，奋斗不止

“老连长”的经历颇具传奇色彩：她本是广西柳州大山里一个无忧无虑的小女娃，却在 8 岁那年跌伤了手肘，从此右臂再不能伸直。她无畏残疾带来的不便，发奋学习，成绩优异，却在初二那年，因家庭贫困无奈辍学。20 岁那年，她去探望嫁到北方的姐姐，与我的父亲一见钟情，次年结婚，之后定居、生子。如今，她离开鸟语花香的大山已经 28 年了，成了北方一个普通的农村妇女。

不知是不是习惯了大山里砍柴、放牧的日子，初次插秧，她便累得三天下不了炕，那时，她咬牙发誓：“以后我干什么也不种地！”之后，她打小工、送相片，每天骑行于几十里坑洼的土路上，风雨无阻。她不屈服，又开始学习摄影技术。二十几岁的她很聪明，学东西也快，她走得很稳，渐渐地有了自己的店面，自己的事业。三十几岁的她开始学习计算机和新仪器的使用方法。四十几岁时她面临着手机的广泛使用对摄影业的冲击，她早早办理微信、QQ 业务，顺应时代潮流，还学习花艺作为副业。

“老连长”改变了自己的命运却不改初心，她要把生活过好，也要把生活活出调调。或许每个摄影人都有记录生活点滴的习惯，我们家有十几本相册，有的是自然美景，有的是家庭记忆。家人的照片很多，她自己的照片却很少，她总是伤感地说：“以后你们长大了，我就在家里翻这些照片。”

“老连长”的世界简单而美好，有老照片，有花，有家人，还有一颗为梦想无休止奋斗的心。

刚柔相济，海纳百川

“老连长”的性格有水乡人特有的温婉娴雅，她常教导我要做一个温柔如水的人，而她也是这么做的，以涓涓细流磨去他人的棱角。

刚到北方时，“老连长”经常因为口音而受到嘲笑，村里人都叫她“侉子”，叫我“小侉子”，每当这时我都会张牙舞爪地扑过去，嘴里叫道：“不许说我妈！”而“老连长”总是微笑着拉住我，礼貌地向人问好。现在走在路上，常有人向她问好：“连英，又回来了。”“连英，进来坐坐……”我在她的身上学到了宽以待人、厚德载物。

“老连长”在我心中一直是一个柔女子的形象，可我没想到溪流也会爆发出山洪的力量。那是我上小学五年级的冬天，我第一次和她去南方探望姥姥。新年将至，车站里人头攒动，到处都是赶春运回家的人。火车慢慢进站，站台上的人们拿起行李如临大敌。“老连长”拉着我的手，她的手心微微有些出汗。“哐——”火车停稳，车门打开，人群像潮水般涌向狭小的车门，拥挤、推搡、吵闹一时充斥车厢内外。我拉着母亲，像江潮中的一叶小舟，进进退退，起起伏伏，猛地一个大浪袭来，我和母亲被冲散了，我被卷入人潮之中。

那时的我比现在要矮上几十厘米，被人潮裹挟着前进、挤压，无休止的冲撞、恐惧，伴随着我的哭喊淹没在争抢声中，我渐渐感到胸闷气短、意识模糊。突然我听见一声近乎野兽的咆哮：“别挤了！我的孩子都要被挤死了！”一时竟喝住了全场的混乱，寂静无声。片刻之后，不管你相信与否，这一幕的确出现了：人群恢复平静，缓缓向两边移动，分站成两列，而中间正对车门的地方出现了一条通道！我呆站在通道中央，有点闹不清状况。下一秒，我被一个瘦小的身躯紧紧抱住。

那天，是我唯一一次看见母亲盛怒的样子。为了重要的人，再柔软的人也强迫自己坚强。

“老连长”，感谢你做我生命的阳光，为我撒下幸福与温暖的种子；感谢你做我生命的海洋，赐予我有刚有柔的流淌。

铁血“连长”，奇葩老妈

小时候，老师教育我们注意卫生时常说一句话：“这要是在你家，你会随地乱扔垃圾吗？”但“老连长”经常在家里乱扔垃圾，还做出一副若无其事的样子。每当我无奈地捡起垃圾时，她又突然不知从什么地方跑出来，叽里呱啦把我表扬一顿，紧接着又是一串某某企业从细微之处选拔人才的事例。按她的话说：“这是要锻炼你的‘眼力见’。”

“老连长”还极其“注重”我的实践和应变能力。家里的门锁不太好开，使用钥匙时需要一定技巧，有一次放学回家我就因为打不开锁被关在外面。半个小时后，总算盼到“老连长”下班，她先向我演示了几遍开锁的方法，然后进门，关门，让我自己开锁进去。半小时后，我终于打开屋门，终于吃上已冷的晚饭……不仅如此，从小到大她都要求我学会独立，就连拧瓶盖这样的小事她也不许让别人帮那时还幼小的我，结果每次我都是用牙咬开，以至于我养成了能用嘴解决绝不用手的习惯。最近一次返校，“老连长”给我拿了冬天的棉被，我到宿舍才发现捆被的绳子系了个死结，后来才知道“老连长”想考验我能不能想起来用随身带的指甲刀。在她反复追问我没用指甲刀是如何解决问题时，我无奈地冲她龇了龇牙。

每天和“老连长”在一起的生活都好像斗智斗勇，我要考虑如何用委婉的言辞配以恳切的肢体动作才能让她相信我拿手机真的只是为了查资料，我还要琢磨以什么样的音调读题、以什么样的速度答题才能打消她觉得我走神的疑心。有时我们会开启一场关于零食的侦察和反侦察游戏，有时我们聚在一起比拼谁最近发生的糗事比较多。感觉我们都像小孩子，在一起跌跌撞撞地长大。

时光荏苒，流年消逝，但有些东西从不褪色，就像电影《头脑特工队》的剧情，一些细微的小事却能成为我们的核心记忆，塑造着我的人格。“老连长”，难忘我们黄昏追着地平线拍火烧云；难忘在你的故乡，你带我爬山、摘枇杷、骑牛；难忘小时候发高烧找不到大夫，你和老爸轮流用酒精给我擦拭身体降温而彻夜未眠；难忘跌倒时你总是掸去我膝上的尘，拭去我眼角的泪，用“男子汉，大豆腐，不许哭”的话让我破涕为笑。难忘一夜间你为我掖了多少次被角，难忘校门外你说了多少次再见，难忘你蜷在沙发上陪我度过一个个备战中考的夜晚。难忘2016年大舅去世，你一月内辗转柳州与衡水却不告诉我，只因为临近期末怕影响了我的心情……

母亲，一个谈论了多少年、多少次的话题，母亲，一个无论谈论多少年、多少次都不会过时的话题。母亲是我们每个人心中最坚硬的信仰、最柔软的地方，我们真的欠父母很多很多，多到我们永远还不起报不完。我们所能做的，就是陪伴他们、关心他们，少让他们生气，照顾好自己，让自己成为他们的骄傲，将这份无尽的爱传承下去、传播出去，以坚忍的意志面对挫折，以宽厚的品德对待他人。

珍视父母给予的宝藏，抓住我们身上呈现的上一代与这一代的印记，让一辈辈的意志在人类文明的长河中变得不朽，我们的价值也同样在爱与被爱中有了永恒的闪光。

时光回溯到十年之前，在一年级的课堂上，老师叫我们介绍自己的家人，小小的我走上讲台，大声且骄傲地说：“我妈叫张连英，连长的连，英雄的英！”

向您致敬，我的“老连长”！向您致敬，天下的母亲！

【点评】

作者从三个角度刻画了一个有血有肉的“连长”母亲的形象，文章结尾将第三人称转变为第二人称，对母亲的爱表现得更加直白也更加强烈。

被时光厚待的老人

璐璐

她在一个除夕夜来到这世间，踏着新年的鼓点；92 年后，她已是耄耋之年的老妇人，活得自在悠闲。她姓武，名新年。她是我的老奶奶，我们家无忧无虑的老佛爷。

任性老顽童

“老顽童，老顽童，越老越像孩子”，这话倒不是没有道理。老奶奶从卧室来到客厅，坐下的第一句话就把人惊着了：“屋里怎么这么热！去，把门打开，把门帘掀起来……”我们几个小辈面面相觑，二叔最先开口：“老太太，外面可零下好几度，刮着大北风呢。这话让人家挨冻的人听到了，心理阴影面积得多大呀！”笑归笑，惊归惊，在老佛爷的绝对地位、绝对权威之下，还是让吹着热风的空调歇会吧。

受时光馈赠的老人

记忆中，老奶奶是一个被时光厚待的人。她经历过抗战的炮火，目睹过村后老树怎样被留下弹孔，也吃过公社的大锅饭，还曾把柳叶、树皮、野菜和在一起硬吞下去。她经历过最艰难的时光，走过几十年漫长的岁月，而今得以儿孙满堂，安享天伦之乐。应该是时光的厚待吧，90 多岁的她牙齿还是一颗不少，闲时仍能浇花、扫地，甚至在 3 年前还自己坐车到千里之外的四川，与多年失去联系的妹妹相聚。这些，无让人为她感慨——何其荣幸！

与生活结为伴侣

老奶奶还是一个优哉生活的老太太。都说人老了觉就少了，老奶奶却反着来，

10 年前还是早上 9 点起，现在却一般要睡到 10 点才“弄妆梳洗迟”。把自己打理妥当，把床铺好，她才肯去吃早饭。因为饭点不同，有时奶奶不在家，老太太一个人也能烧水煮挂面，比我会的都多。

她真的是一个认真、从容面对生活的人：头发长了会让小姑来剪，指甲也会让我修；过几天就提醒爷爷打电话让人来量血压、测血糖；房间永远干净整洁，头发永远梳得一丝不苟；没事时就坐在阳台上晒太阳，困了就打个盹。

吹过心头的清风

四世同堂的大家庭，要把那么多人放在心上，却又过得最自在，安乐得理所当然，她的心中装着那么多人却从不留一丝愁苦，小辈的争吵从来过耳就忘，再大的事都打不乱她均匀的鼾声。她从不抱怨，从不追悔，从未愠怒。安闲，宁静，是生活最初的样子。烦恼时，她就是吹过心头的清风。

她会讲谜语，会讲很多神奇的故事，她会牵着我的手带我看天边的云彩，带我走最美好的岁月。我不知风烟散尽、英雄迟暮，却相信最美不过夕阳红。看吧，人生的每一段岁月都可以比想象中的更美好。

老奶奶是一个被时光厚待的老人，岁月之所以予她厚爱，是她亦温柔对待了岁月。

【点评】

文笔优美，刻画生动，描绘出一个四世同堂的大家庭里长寿、睿智的家长形象，结尾点题，“老奶奶是一个被时光厚待的老人，岁月之所以予她厚爱，是她亦温柔对待了岁月”。“安闲，宁静，是生活最初的样子”，悠闲、和睦是一家人最好的状态。

父亲的力量

李泽辰

一

父者山也，母者水也。水自山出，汇小流，成江河，无微不至。山永耸立，经风雨，历灼日，体敝蕙溪。常感母之绵柔，却忘父之刚毅。母泪过脸留痕，父泪入心成戟。

虽然父爱与母爱同样伟大，但父亲和母亲是截然不同的两个角色。我想大部分男生都会深有感触，在我们的记忆中，父亲总是最严厉的那一个：电脑不让玩，手机不让碰，吃饭、说话都要听其管教，大事小情总是上纲上线。所以年幼的我总是盼着父亲加班不归，以便独自享受母亲的温柔。然而，不知不觉间，父亲这座大山已经呵护了我们无数个日夜：深夜加班回家的轻声关门，衣食富足后的默默付出，以及那结实有力的臂膀、宽阔无垠的胸膛，其中蕴含的意义不言而喻。

二

父者，不易也：顶天塌之危，压地崩之灾；常奔波于海外，对四海之宾客。筋骨之苦，逾鲲之大；心神之疲，逾鹏之背。静言思之，父者，虽贪酒以偷闲，实酩酊以酌愁；虽吸烟以觉爽，实障目以吞忧。父者，德之至圣矣。

谈到父亲这个话题，不免要谈及自己的父亲。大家之前说过那么多颂扬母亲的话，父亲却是备受冷落。曾燃爆暑期档的国产影片《战狼》点燃了人们的爱国热情，我的父亲就是现实生活中真正的战狼。

对于父亲，我了解得并不太多，但是我知道，他经历过真正的特种兵专业训练，直到现在仍然保持着某武警部队手枪射击冠军的纪录。他所在部队的荣誉室陈列着父亲的许多荣誉：他是全国优秀参谋长，多次荣立个人三等功，所带的队伍也多次荣立集体三等功；他是 3000 米能跑进 11 分钟的唯一一个将校级军官，该记录至今无人打破。

我有幸随父亲一起走进他所在的部队，走过他走过的路，感受着他工作的气息，看到的是神圣，心怀的是敬畏，背负的是责任。说实话，当看到一群与我年龄相仿的士兵在炎炎烈日下流血流汗、挥洒青春的时候，当听到武警战士们庄严地喊出“祖国有我，请祖国放心”的时候，当跟随工作一天的父亲踏着星空走在回家路上的时候，我慢慢懂得了什么是坚守，什么是担当，什么是责任，这也许是父亲给我最朴实、最诚挚的教育。

这就是我的父亲——始终以实际行动默默无闻地忠于党和人民的事业。父亲对我，也进行过很多爱国教育。比如，在家里摆放习主席的画像还有很多伟人的著作，经常给我讲优秀共产党人的先进事迹……这样的言传身教，也使我的爱国意识外化于行，内化于心。

父亲很正直：老家有个远方亲戚在部队当兵，想让他帮忙请几天探亲假，父亲拒绝了；一个部下退伍后去南方经商发了家，想来答谢培养之恩，父亲婉言谢绝，并勉励他一定要以实际行动感恩报国。

我和父亲的交流很少，每次通电话不超过 1 分钟。他对我很严格，脾气也比较大，这与他的正直品性和职业特点有关。一次亲朋好友聚会，父亲却不免真情流露，他说自己最自豪的是从来没有打过儿子，再苦不能苦了孩子。

父亲，感谢一路有您。时光荏苒，我慢慢读懂了您的军旅您的爱。虽然您很严厉，虽然您很寡谈，虽然您脾气不太好，但是我爱您——因为，您是我心中最坚毅的人。

……………………………………………………………………

【点评】

父亲坚毅正直，令人钦佩；事例丰满，形象突出。文中可以再增加一些铁汉柔情之处，刚柔相济会更近人情。

我和冬天的战争

邵嘉晴

我和冬天的战争已经持续了……17 个年头。

最早和冬天交手时，我还不知道什么叫讨厌。每次坐着老爸的大摩托出门，母亲都要把小小的我裹得像一个不倒翁，以各种姿势摔倒都不会疼的那种。棉袄、口罩、帽子、围巾、手套，里三层外三层，除了眼睛，什么都不露在外边。那时的冬天还真冷，每次到姥姥家的时候，脸上的围巾上都是带着冰碴的小白点，那是呼出去的水汽结了冰。但母亲特制的御寒神器还真保暖，最多只是鼻子尖有那么一点点冷。即使这样，刚下摩托的我还是会被发配到炉子边取暖——脱下自己的小棉鞋，拿屁股挤走炉边昏睡的老猫，安安稳稳地坐在我的 VIP 位置上。父亲随后进来，粗糙的大手在炉筒子上蹭蹭，看着我笑。

大概在八九岁的年纪，我学会了自己烧火做饭，生炉子也一并学会。开始的时候总有些笨拙，按照父亲讲的“先放一层玉米核，再引燃一个玉米窝，等火苗蹿起来之后填煤，一炉子火便生起来了”，但实践起来总是没那么容易，最后索性宣布放弃，上炕裹起棉被安然地看我的动画片。大概早已深谙我的将就和得过且过，在隔壁大伯家喝酒的爸爸总会半道回来看他闺女的炉子生得如何，我也每次都没让他“失望”过，每次回来他看到的都是炉子里可怜的一点灰烬和炕头裹着被子的我。当然，后来我也熟练地掌握了生炉子这项技能，偶尔还会去后院自己砸煤、铲煤，但父亲生的炉火格外暖——不是觉得，是真暖。

父亲的爱是温暖炽热的，又是深厚隐秘的。记得元旦放假那次，妈妈来看我，晚上在宾馆房间，我正听英语听力时，微信上发来视频通话申请，我点击“同意”后就看见了父亲的笑脸和脸颊上氤氲的红色。不善言辞的父亲问了一句“学习还行不”就没了下文，只是一直看着我。母亲起床开始絮絮叨叨地问他家里的琐事，我把手机移到妈妈面前，我爹回应着，目光却没离开我，他们两个就这样对话了很久。后来我才明白，妈妈知道我爸话少，又想多看看我，才说了一些闲话，拉长了通话时间。

我从来没想过男人也会这么难懂，印象里父亲每次话多的时候，绝对是喝醉了酒红着脸的时候。那时的他不仅话变多了，还非要往外掏钱：“丫儿啊，钱够花不？再给你点儿。爸这儿有零钱，你就好好学习考个好大学，家里的事你甭操心，有爸呢。”多少藏在心里的话，他非要装作喝醉酒的样子才肯说给我听。

春天又冬天，你们一路护我周全，又教我如何自己上路。虽还未经世事，但我也懂得人生路上的严冬远比自然界的冬天来得更猛。但我不怕，既然明年的春天一定会来，那么冬天便不可避免。你们就是驻在我心间永远的春天，给我永远的温暖。

【点评】

为了体现深厚隐秘的父之大爱，文章前半部分和结尾均是父女之间的关系，中间插了一段母亲元旦来看望我，我在宾馆与父亲视频通话的事情来佐证，十分温暖。文章中体现出的“战争”较少，温暖较多，改一个更加贴近的标题会更好。

有些路只能一个人走

叶茜林

老家门前有条土路，路的一旁是一片绿油油的麦田，另一旁是一条小小的护城河。

下过小雨的土路湿湿的，没了尘土，一切都变得清晰、亮堂。爷爷那陈旧的暗黄色自行车在雨水的抚摸下也变得亮亮的。太阳很低，即使稍微冒了冒尖，也把吱呀作响的车子照得年轻了不少。我坐在铁制后车座上，背着大到遮屁股的书包，不安分地扭来扭去，爷爷叫我："小丫头，再乱动就掉大沟里去了！"我故意拉长声调反驳着："太——硌——啦！"

空旷的田野和河沟上回荡着我稚嫩的声音，很快便被一阵咕呱咕呱的响动遮住。我兴奋极了，在车子上向着河沟里探身，一会竟站到了后车座上，一手搂着爷爷的脖子，一手揪着爷爷的耳朵，还得防着点他又黑又密的胡子茬，在他耳边兴奋地叫喊："青蛙！听见了吗？"爷爷有点耳背，也不知听没听清，但他故作严肃地回答："听见了宝，快坐下，真的要掉大沟里去了啊！"还故意晃了晃车把。我顿时害怕了，硌屁股也忍了，赶忙坐好。

风雨无阻的土路上，总会有这样两个人的身影。爷爷送我上学，陪我长大。

随着年级的升高，我学会了骑自行车，再也不用坐那个垫了坐垫也硌屁股的破车子了。我暗自窃喜自己的座位终于升级，一步跨入软座时代。在我崭新的小粉自行车映衬下，爷爷的大破车灰溜溜地退居二线了。

我呼朋引伴，叫上顺路的小伙伴并排行驶在土路上，在后面的车发出无奈的嘀嘀声中骄傲地指挥："快，横队变纵队！"

这段土路也是我们冒险闯关的地方，连一块长条的石头都是我们挑战的对象，我骑着车子加速猛冲上去，兴奋地大叫一声，再从窄窄的石面上滑下来。这里被我们叫作"尖叫坡"。随后，我们还要穿过铁路线下的涵洞，那个坡又陡又深，有时底下还有积水，这时，每个孩子的心如同燃烧起来一般激动紧张。大家都抓紧车把，稳稳地滑下去，被飞溅的水花打湿了裤腿也毫不在意。上另一侧的高坡更加有挑战性，我们没了力气，只好把车子推上去。这里就被叫作“激流勇进”。

土路一侧的麦子长了一季又一季，玩耍的日子也随着激起的水花悄然散去，曾经的玩伴散了，土路也翻了新，铺上了漂亮的水泥，可我仍旧奔波在这条路上。

我拥有了一辆银白色变速山地车，它伴我走过了三年的风风雨雨。没有同行的伙伴，孤独的自己也更加独立与坚强。我学会了撒把骑车，也学会了把车调成最高挡位，在下坡的同时用力蹬车，寻找飞一样的感觉。我自由地畅行在空旷的土路上，幻想着不确定的美好未来。

温和的夕阳下，时光的列车嘎吱嘎吱进站，载上我，又嘎吱嘎吱前行。渐渐地，我蜕变成风华正茂的少年，升入了高中，来到了陌生的城市，曾经的土路为我送行。当一只脚踏上长途客车，另一只脚也不情愿地迈上来时，我离开了土路的怀抱。客车在匝道上转了又转，高楼大厦渐渐模糊了地平线，我心里沉甸甸的，带着梦想，带着对未来的憧憬，更带着一份朦朦胧胧的责任。

成长之路上，起点的一切已然朦胧模糊，我走得越来越远，孤独的少年在茫然与希冀中独自摸索着前行。

有些路只能一个人走，这样的路通向未来，通向远方，通向梦想。一路上的孤独、寂寞、痛苦，一路上的欢笑、欣喜、激动，都化成了一个个五彩的气泡，在生命的轨迹里留下美好的记忆。

身为少年，长大就意味着要为自我负责，为家庭负责，更要为祖国负责。成长之路虽然孤独，但我仍旧笑得灿烂，仍旧保持昂扬的心态，自信自强，为梦前行。

【点评】

作者用交通工具的变换表现成长阶段，从小时候爷爷的暗黄破旧自行车后座到年级稍高时呼朋引伴的小粉自行车，再到少年孤单而独立的银色山地车，随着年龄的增长，身边的人越来越少，作者也终于明白成长之路只能一个人走。

故梦

王亚美

旧忆就像一扇窗
推开了就再难合上
谁踩过枯枝轻响
萤火绘着画屏香

——题记

好久没回老屋了。饭桌上，我妈突然开口："明天回老家。"我吓得一惊，手机啪的一声掉到桌子上。我开口就想拒绝，又瞧了瞧她一脸"你敢说不立刻揍你"的平静，应了一声："哎，好。"

记忆里的老屋从未老去。但当我站在窄窄的胡同口远远望向尽头的时候，当我再次踏上这条青瓦小路的时候，当我在林立起来的大楼间顿感陌生的时候，当我走过小时候的邻居家门再无人认出我的时候，当我就站在古铜色的铁门前将生了锈的钥匙插入的时候，我看见水泥台阶上还留着六年前我踩上去的脚印，只是已经被车子碾轧过太多，日月变得残缺。

我不想承认，可是老屋真的老了。

他的花

他爱花。

客厅里，小小的院子里堆得满地花盆。看过春天里海棠花开，淡淡的薄粉在微寒的风中摇曳，无香的花瓣上滚着一两滴露水，在初日的包裹下映射出一缕微弱的光芒；嗅过夏天里月季淡淡的香味，不像玫瑰香那样浓郁，不像百合那样清雅，却独有一份干净清新的味道；踏过秋天里石榴树下落了满地的枯叶，萎蔫的叶子静静地铺在地上，在岁月的深处慢慢融化与褪色；摘过冬日里常青树的细细的叶子，密布的脉络是时间划过的印记。他很珍爱满院的花草，我也爱这院子里扩散不尽的芬芳，但更爱看他用剪刀轻轻修整枝叶时认真到如同在雕塑一件艺术品的样子。喜欢看他高大的背影在丛间挪动的仔细，喜欢看他闲后站在青青的台阶上倚着门静静地望向远方时眸底的平静与波动，喜欢他略有些粗糙的指尖夹着烟时淡淡的烟草味。现在，我又回来了，我终于回来了，没有花，没有草，他的花盆空荡荡的，青花瓷纹路的瓦砾满地。8 月正好，我的院子不好，他的花谢了满地，再也不会开放。

钟

老屋的客厅里有一座钟，酒红色的钟身高达两米，在我的印象里总是会在整点时发出“当当当”的清脆报时声。但也因为每晚它敲了八下后我就得乖乖睡觉而视其为“死亡”之音，一直对这个老伙计很不满。后来学得聪明些，我便踩着板凳把时针偷偷调慢了两个小时，最终在我妈的一顿胖揍之下终归还是开始虔诚供奉起这口钟，再也不敢对它动手动脚。那些无聊地趴在沙发上盯着金色的钟摆左右摇头晃脑的周末，那些膜拜地看他不用踩着凳子就能上发条的瞬间，直到现在我都没有忘记。后来我又尝试过修好这口静止了几年的钟，但是发条早就找不到了。我看着玻璃钟罩上细细的裂纹，看着永远定格在 2 点 10 分的指针，钟摆一动不动，突然很难过。这世界上总有那么多东西是我没办法挽回的，不管是我喜欢的什么东西也好，还是我最亲密的人也好，即使我费尽心思去做、去追、去疯了一样大喊“别走”也是徒然。就像老屋的钟，发条已经没有了，我只能任凭它在岁月的深处静静黯淡，再听不到它清脆的声音。

光

记得原来读过一篇文章，可能是文字太美，也可能是因为做它的阅读题做得很垃圾所以印象深刻，里面有句话说，或许老人们都喜欢晒太阳，是因为人生太长，留下的疤痕太多，他们只能用光来舔舐自己心底的伤。

奶奶喜欢晒太阳。老屋有条走廊窄窄长长，却总是被阳光晒得暖烘烘的。矮矮的板凳、一兜花生瓜子、几支零零散散的粉笔就能消磨一个午后。喜欢一进门便透过窗子远远地看到她泛起了满脸褶皱的笑意，灰白的头发在微风里吹拂着飘起来，不等她说话便兴冲冲地奔过去，一下钻进她怀里一起嗑瓜子。我妈见后嗔怒几句，让我不要坐在奶奶腿上，我顶嘴时的记忆是童年抹不去的甜蜜。直到后来我长大了，不能一下子钻进她怀里，不能安安心心地坐在她腿上，再到后来走廊的板凳空了，我还是习惯性一进门便透过窗子往里瞧却再也看不见人时，心里满是空落。

这一天阳光正好，和原来一样洒在身上暖洋洋的，只是少了当时的人。

结

写这篇文章来来回回磨蹭了两个月，犹犹豫豫不知道该不该写出来，也害怕把好了的疤再割开疼一阵子，不过还是写出来了。他们说不开心的事就像雨天里撑的那把伞，即使你当时将它收起来放在角落里，但不管隔了多久，当你再打开的时候，隔着岁月还会嗅到当时的潮湿味儿。离开老屋六年，我总是和我妈大搞阶级斗争不肯回去，但不管怎样，我终究得回到那个地方。原来总是很鄙视 QQ 空间里的人说的什么“要走就走不挽留”，或者“人生如梦”之类的非主流的话。后来某一个瞬间我发现当时陪我走过一阵子的人真的好多都走散了，而我也没办法挽回。写这些事情可能有点太深刻，并不符合我一贯大大咧咧的脾气，但我想让你们知道，不管今后遇到什么，不管你当时是怎样痛哭流涕或是心态崩溃，不管怎样你还是得走下去，三百六十度原地满血复活，然后酷酷一笑也好，连滚带爬也好，一定要走下去。

史铁生说，人走后就是天上的一颗星星，虽然后来《大鱼海棠》说是鱼，但我宁愿相信史老先生。

在老屋的日子是一场经年未醒的梦，但我还是得醒过来，失去了什么人也罢、物也罢，再见，我总要长大。

【点评】

对于老屋的描绘非常细致，细节描写运用得恰到好处，通过对老屋的花、老屋的钟以及老屋前的阳光的描写，可以感受到曾经逝去的美好的光景。

温暖青春

贾明卓

温暖，总在我们身边。

有一次，跑完 4×100 最后一棒，我从终点被几个同学抬到了班级所在的位置。他们也都是运动员，他们可能比我更累，我也没有跑得很好，但大家的关心与怜惜让我心中涌动着一股暖流。刘昶还费了很大劲，一直托着我的腰部和脊椎，这可要比扔铅球累多了。我开玩笑说我腰出问题了，昶子也很认真地跟我讲："怎么办？要不，我照顾你一辈子？"虽是玩笑，亦很温暖。

有一次，我肠胃出了点问题，回到宿舍没找到药，就躺在床上蒙上被子。铁树觉得我不大对劲，跟我讲："支书，我那儿有药，啥药都有，你要啥？""我胃难受，吃点啥？""小意思，你等着。"随后他就去柜子里拿出一小盒跟速效救心丸样子差不多的胃肠安丸，我喝了两回就好了。"铁树开花"，给人温暖。

还有一次，我发烧了，缪妙拿出体温计硬是让我量体温。得知我发烧到 38.2℃，我以前的同学从邻班送来了借来的药，叮嘱我多喝热水；杜老师让我赶紧去医务室打针；周晨曦帮我记了满满几大张生物笔记；兴运反复地劝导我"打针吧，打针吧，打针吧，打针你就能快点好了"，然后耽误了一节多课陪我去医务室。从医务室回来后，乐彤给我补课；生物老师拍拍我的肩膀说："没事，哪里不明白，抽出一个晚新闻时间来找我补课。"这一切我都记在心里，备感温暖。

……

上周我又病了，晚上咳个不停，自己没睡着也搅和得大家睡不好，早上一起床赶紧去医务室。我们宿舍的人都特别理解，子辰还替我把班牌带到操场。我到医务室检查后开了药，回来时碰到琛欣，她特别热心地给我拿了一罐子的药。满满的全是温暖。

周日早上 7 点多，英语考试前，班主任王老师从教室里把我叫出来，说："考完试，你爸爸妈妈说带你去医院仔细检查一下。”我说：“老师，您带我去吗？”王老师说：“其实我也想我带你去就行了，但你爸妈早早就到门口等你了。”

9点多，我把卷子交给慕紫，出门见到了等候已久的父母。妈妈说：“王老师早上5点20分专门给我们打了电话，很关心你，很想让你早早好起来。”

真的很感恩！感恩恩师照顾，您为我们的付出化作温润的春泥；感谢同窗情深，彼此间手足之谊值得用心珍惜！

人生难免遭遇挫折与苦痛，但只要有亲人般爱的温暖，再深的痛苦、再多的错误也敢于直面；只要始终不忘初心，爱的激励和光芒就会一直伴随着我们前行。

【点评】

写了很多人很多事，虽是群像亦有所选择。代表事例突出叙述，较好地表达了青春里的温暖主题。

我们

于沛婕

9136宿舍，位于衡中东南9号楼1层，此地龙盘虎踞、人杰地灵，可谓一大风水宝地。一日，赵畅曰：“吾建一宿舍群可好？”群起而应之，皆曰：“妙哉。”及吾进群之时，方惊叹于畅之精思妙想——群名曰“9136G8峰会”，实是别出心裁，令人拍案。“G8峰会”之名便自此而始。

初，9136一厕所门上贴有字条：“已坏。”奈何报修数次，无果，于是厕所供需失调。一日晚，电话丁零大响，“阿姨您找谁？”“千秋在吗？”“她还没回来，我把电话给您放着吧。”“好，谢谢你。”

当是时，吾正思忖切莫忘记告知千秋，一声大吼从门口传来：“厕所，我的！”盖赵畅归也。赵宇怒目而视，大喝：“我先回来的！”笑凡道：“然后是我！你你你……排队！”畅见震慑无果，遂冲进洗漱间，曰：“哼，我先洗脸。”遂关门不出。嘉晴欲洗漱，然畅者曰：“哼，我就不出去，我倔强。”“好，那你今天都不用出来了。”吾将门从外拽住，畅遂不得出：“大佬别别别，我错了我错了。”“等着吧，一会咱们花露水大战。”忽然，在场人皆面面相觑，一人之微弱声传来，全不似方才般气壮山河：“电话……是通着的。”此战方止。然千秋之母始知“G8峰会”之日常。

一日晚，赵宇洗手毕，言：“畅畅，你想体验星空的感觉吗？”畅正于柜旁翻翻找找，漫不经心曰：“什么星空的感觉，整这么文艺想干啥？”宇一脸坏笑地站在畅身后，将冰凉的手贴至其后背，一声惨叫遂响彻云霄。

吾辈虽日日互损、拆台，连心之情却于不知不觉中慢慢滋长，日渐深厚。某日，吾因一时低血压头晕不已，躺下便觉天旋地转，胃里翻江倒海，遂起身冲向厕所。雪晗旋即递过纸巾和水，其余各大佬皆关切询问，顿时，一股暖流于吾心中流淌，汩汩不绝。

“G8 峰会”虽时常开怀欢脱、段子频出，却十分卓越，共同进步。峰会成员在主席冬月的领导下，皆用一腔热血浇灌学业。尔试看晚 9 点 55 分的 9136，常未有人归。及宿管老师查迟归之前，方匆匆忙忙自扬帆楼赶回 9 号楼，口中或言今日学案之难易，或言偏科罚写之加量不加价。洗漱完匆匆爬上床，于笑谈之中互道一声“晚安”，便进入梦乡，褪去一天的疲惫。

“9136G8 峰会”之更多精彩，尔等可自行前来探访，峰会对外，皆是以零食款待。

……………………………………………………………………………………

【点评】

语言诙谐幽默，“我们”一起发生的故事很多也很美好，读来有泪有笑。最珍贵的是青春，最难忘的是成长过程中的经历。

创新作文

魏瑀含

一个人要走多少路才能走上山峰，一个人要抬多少次头才能看见天空。

——题记

9 月。高中开学那天，我拉着箱子站在校门口，阳光刺眼。我和父母挥手告别，满脸笑意走向我的全新生活，我将要生活三年的地方。

转眼间，雾霭腾起，已入寒冬，北风打起瑟缩，抖落满身枯黄。凌晨 5 点 45 分，我裹上围巾，抓起第二天候操的书，跃下楼梯，奔出楼口。风灌进衣领，透心凉。我停下来，蹲在地上，泪濡湿眼眶。灯打下一束光，照进迷雾里，然后就失去了影子；我开始了新生活，以为一切都会好，然后就失去了方向。

晚上我推门进宿舍，看到舍友们，心里一酸：每天都是我的咳嗽声扰了大家的清梦。

家人打来了电话，“妈妈！”“喂，宝宝！”那一刻，我差点哭出来。妈妈，我有太多的委屈想和你倾吐：发高烧又逢月考，各种不顺……妈妈，我是多么想你啊！千言万语刚涌到嘴边，“大宝，这周不去接你了行吗？爸妈去办点事……”我强憋住眼泪，又把嘴边的话咽了回去，“好，先挂了吧。”我不敢多说，怕抑制不住颤抖的声音。绝望像洪水一般向我袭来，把我卷进无尽的黑暗，心中最后的一条筑堤坍塌了。

熄灯了，黑暗中天花板上似乎仍留着方才的灯影光斑、闪烁跃动。我仰头任遐思冲向那望不尽的夜，脑海中暗暗闪现出那河畔的金柳，像夕阳下的新娘。渚水清波，荡起往事；钟声响起，扣敲船舷，漾过河面。我泪落如雨。波光里的艳影，在孤寂的夜色里荡漾。我也想要有阳光的下午，我也想要充满笑声的日子。

离考试还有 3 天，我坐在餐桌边，边往嘴里扒拉着午饭，边盘算着复习计划。耳畔掠过餐厅电视播放的今日头条："神舟十一的背后又有哪些故事呢？我们一起来看看记者的采访。"我的好奇心被激起，神舟十一是中国的骄傲啊！

记者来到西北戈壁滩，那里有一条铁路线，左边是内蒙古阿拉善盟区，右边是甘肃省的沙漠。就是这么一条越过荒凉的铁路，戍守它的是那些最可爱的人。他们是西北将士，戍守铁路线的勇士。"每次火车来，我们只知道运的是火箭，国家的火箭啊，能保卫它就是光荣。"战士黝黑的脸上泛起兴高采烈的光。他说，他们要等在铁路旁，得到讯息后，要在火箭零部件运载火车到来前几个小时，把铁路"从沙堆里挖出来"。一个人负责 100 米，每天飞沙都会把路掩埋，每天都要"挖"。"有时候是真苦，真想家，饭里都和着沙子。但我们走了，火车咋过呢？"

我心里一颤，这话太震撼了。对啊，中国需要他们，中国需要我们啊！

不错，我们苦，我们累，但我们在追，追逐梦，追逐未来，追逐美好，每个人的追梦共同托起中国的未来，我们每个人的努力从不白费。我们尽力去做，以弥补可能会带来滞后的错误。我们可以为祖国母亲做得更多，我们可以为祖国建设添砖加瓦，我们可以有一个更远的目标，一个更强大的动力，那就是为了让五星红旗在蓝天里更鲜红，更美丽。

我看着电视里的将士们，他们放声歌唱，踏着拍子，笑得很开心。我看见黄沙漫漫，孤烟升起，他们排成一队，走向苍阳。

晚上回到宿舍，见床上放着一包药和一支体温计，对夜夜扰了清梦的舍友们愧疚一笑，说声"谢谢"。

不管怎样，我已准备好了：我要给舍友们道个歉，我要给妈妈打个电话，让她不要担心，祝他们一路顺风；我还要收拾好心情，迎接更好的明天。

风吹拂枯枝，阳光拉长了冬日的下午。在剑河的风中我找不到答案——我的病会快快好吗？我会考好吗？我是否会成为妈妈的骄傲？中国的未来会被我们改变吗？我不知道。答案，在风中飘荡。

【点评】

作者主要围绕自己数月高中生活的感悟下笔，从依赖到独立，从茫然到适应，从懵懂到坚定，一步步道出了自身的成长。内容真实，感情细腻，于细节中彰显道理与真情。

白马月光

张紫彤

凡所涉及，未有丝毫恶意，反深表其爱。

——题记

夜已深，明月悄然丰腴，堆积的思绪在城市的一角开始寂寥地游离。

我像往常一样和颖姑娘、颠儿走在回宿舍的路上，脸上疲惫与暧昧交织。在和圆锥曲线相爱相杀了整整一节晚三后，疲倦不必多言；至于暧昧，则关系着我们两个人情有独钟的小奢侈——洗脚。我爱洗脚，是因为喜欢在一天的奔波后被热水浸过、电流击遍的欲罢不能之感。至于颖姑娘，可能她的享受更多源于将自己的大长腿一提，轻轻松松踏到水池边上，同时欣赏一脸哀怨地望着齐腰高、快半胳膊深的水池我伸进去就很难再拔出来的小短腿，她还会微笑着欣赏我无可奈何而不得不溜去冲凉房的背影。也正因如此，从冲凉房出来的我从未转过身再看她一眼，而是故作豪爽地呵一声："走了！"便冲回宿舍。

119的密室里，一片"火海"。"高妈妈"正在WC旁焦急地徘徊，里面的仁兄却大有沉睡千年不复醒来之态。祝无双一边嘴里带着牙膏沫与"秦罗敷"（美女之称）展开激烈的炫哥大赛，一边与纯（春）妹妹争夺我们可怜可爱的洗漱台。119的洗漱间惹人喜爱的名声着实不小，引得舒（妤yú）畅大佬都曾垂幸，前来沐浴更衣。只可惜事发那晚我被卓越这小狐媚勾了魂去，回宿舍甚晚，没能目睹详细过程，反而不得不与"天山童姥"舍长等若干人马清扫囤积的石灰浆——大佬不愧是大佬，淋个浴都能把洗漱间扒层皮下来。面对眼前乱象，一舍之长"天山童姥"非但不严厉呵责，反而助纣为虐，引吭高歌："一闪一闪亮晶晶，满天都是小星星……"此等低级儿歌为我自小抚育幼弟之辈所不屑，想来"童姥"不知儿歌也紧跟时代早已换成了"扭扭屁股，快乐小猪……"

因懒得 K 歌，索性出来寻个清净。念及对面宿舍有冬月楼主震慑，想必不会如此猖狂，甚好甚好。我两手空空，趿着拖鞋正欲挪出 119 舍门，只听对面宿舍一声大喝：“嘿 Girls，美丽的小姐姐们我回来了！”让我心中蓦地想起《西游记》中某个不太和谐的画面，顿时两股战战，缩回床上。

如上，揭示了高中女宿日常。向来喜欢新鲜事物的我自然不愿意再沿袭同一内容，我将超清摄像头对准了在这偌大校园内与我们朝夕相处的另一群体——活泼俏皮的老师们。

同学们之间的打招呼模式是怎样的呢？无论是社会大姐范的“呦，您好”，还是霸气侧漏的“嘿，小姐姐今儿个又漂亮了哈”，抑或是为我所惯用开足洪荒之力的“摇摆摇摆”，在我们的老师面前，都得乖乖让步。他们或是看似温婉可人实则吓死宝宝了的“嗨，乐乐；嗨，小红”；或是某某吕对某乐深情款款与崇高敬意兼具的“乐哥，我们青年人不能没有你啊”，生生让我抖落了满地的鸡皮疙瘩。但是，这些相比于我们的霞姐与军哥，只能算小巫见大巫。母爱泛滥的霞姐连叫人都是标准的逗娃娃模式，冲着前方晃晃悠悠的北京大爷，愣是拍手叫道：“勇军，孙勇军，孙勇军！”原谅我并不是存心冒犯，目睹此情此景，我内心只有一个声音：“旭日东升，红霞西照，49 岁的语文老师谁人不知道？拍手逗小孩，逗遛鸟大爷笑。优雅中透幽默，她正拿手机把我照。”

都说老师对学生的爱真诚无私，可我们对老师的爱又何尝不是无微不至、面面俱到？连他们的终身大事，我们都能做到“荣辱与共，肝胆相照”。放假前的那天晚三，我陪课代表去印卷子，因备课区打印机坏了就跑到级部去印。正在我百无聊赖的时候，玻璃那面现出的一个人影让我顿时惊喜到爆——波波！我立马冲他奋力招手，却被冷漠地无视了。只见波波三步并作两步向前一冲，躺在了与我仅一镜之隔的沙发上。居然屏蔽我！我正欲上前吓他一跳，身旁的一个人影却噌地蹲下了。他抬头使劲挤眉弄眼：“嘘，我们老班。”我好奇心膨胀，也蹲下来，问他：“波波这是干吗呢？”那孩子超兴奋地跟我说，波波每晚这个时候都会来这儿给他女朋友打电话。那一脸的得意扬扬就好像谈情说爱的不是波波而是他一样，但他那表情跟波波一比可就是小巫见大巫了。玻璃那面的屋子没有开灯，屋内是黑的，沙发是黑的，波波的大衣也是黑的，波波的肤色……在一片漆黑中，只见波波那笑得合不拢的一口白牙在闪闪发光，隐约可见波波脸上幸福四溢、春光荡漾——不得不承认，那一刻的波波真的很帅啊！

还记得曾经那句“一匹白马入月光”“那片白超过记忆的任意窗”，今天索性抛去所有的扭捏与不好意思，淌尽我的敬慕——“白马”“月光”都是散文诗中用来描述美好珍宝的意象，就像诗人在歌颂爱情时总会用到“闪电”“鲜花”一样。老师，你们总爱说林子大了什么样的学生没见过，可是，做了十几年学生的我们，什么样的老师没见过呢？与你们在一起的朝朝暮暮，将化为我人生中的白马、月光，白马融入皎洁的月光中，映出的炫亮超过了我记忆中的任意一扇窗！

最后，请允许我献拙诗一首，以示爱意：

燕赵名城，衡湖佳处，幸遇恩师音容。传经书浩渺，雕学子丰羽，春风一沐，遍地桃李。

晨星为伴，夜月相依，执手问暖嘘寒。欲登无极，昭示天地，怀岁月悠悠，笔耕为炊，终难舍，师生情谊！

【点评】

语言生动传神，又颇具文采，对生活中的小事观察细致入微，人物的形象、动作跃然纸上，日常中的小事、人与人之间亲切的对话都被完美还原。阅读时仿佛是一位旁观者，就站在他们一旁，看他们嬉笑打骂。真情的流露，优美的语句，令人在嬉笑之余又有深深的思索。

难渡邶归

赵畅

深夜刷完电影《摆渡人》，一首主题曲两人分唱，风格迥异：鹿晗版带着鲜活，陈奕迅版带着岁月。

写就此篇，感怀那些摆渡我至彼岸的人，渡人者掸去身上风尘，归其余路，留给我的，是温暖的痕迹。

渡人壹：独饮往事迢迢

彼时我以为老赵头大概还是个孩子。他会在我吃棉花糖时匿了笑，他会凝了眉眼笨手笨脚地帮我修指甲，他会陪我一遍遍翻看姜昆老师的相声……你看，我也以为我强大到足可以保护他。我向他骄傲地宣布，我再过一年也会有普选权，他还是笑得满脸皱纹。后来的后来，生活的小船翻了，我伏在他肩上泪如雨下，他一句安慰的话也没有，桌上有的只是十几年的老味道：番茄炒蛋。他终于不再笑了，只是呢喃着："终归还是老爹的小姑娘。"惆怅过后，我又会和他一起打开新世界的大门，师承老赵头的嬉皮笑脸，遗传老赵头的段子连篇。17 年后我大抵明白了他的温柔：他会让你感谢之前生活给过你的所有刁难，会让你像流沙、像落雪，那些别人在上面划了又划的痕迹，他轻轻一抹，就平了。

渡人贰：漫看去路遥遥

和她在一起，说不出来是难受还是享受。会因为她的不爽而担惊受怕，会因为她的鞋磨脚而满脸担忧，会因为她吃的干脆面没中奖而翻来覆去，最重要的是，突然发现没有她的未来真可怕。和她的俗气的快乐是晚会拉着手唱完共同的歌，是你画我猜游戏时游刃有余无出其右者。那时有人不甚懂她，我却窃喜于我尚是她的知音。想陪她看星空，只谈夜色与微风。早先我强迫自己模仿某些人，也怕见到她时，早已把最好的自己消耗得所剩无几。遇见她后才明白，我们永远无法成为别人满意的那个自己，可如果坚持做喜欢的自己，终会遇见喜欢你的人。

其实到最后，我们都是在寻找同类，就像溪流汇入江海，光束拥抱彩虹。

渡人叁：徒把理想倾倒

遇见她时，我的感冒还没痊愈，巴不得把自己的生活和盘托出奉献给谁，那人却讪笑着、推诿着，时远时近，这才开始觉得，比起一段风雨飘摇的感情，最该关照的永远是自己。

天知道甜甜姑娘是从哪儿冒出来的，又颠覆了我的观念。明明自己也忙得不行，却会把瘫在桌子上的懒人一遍遍叫醒，也会谈起她的北外，眼睛泛起光亮，让身为眼控的我迷醉许久。我这么穷困，能做的只是用一首首歌哄她开心。想好了躲在自己的世界再不张扬，表面风轻云淡、满不在乎，心里却敛了多少欢喜，以与她同桌为幸。她教会我，那些与你有关的就是与你有关的，逃也逃不掉，就算你们三年才搭理彼此一次，就算你几乎忘了她的样子，就算你们隔着十万八千里。

渡人肆：千里诗酒荒

在很久很久以后，“珍惜眼前人”这个道理才真正地刻进骨子里。在困厄之际，明明自己都快要放弃了，那个人却一遍遍地重复着：“你就是夜空中一颗闪亮的星。”

老体委同学貌似狠戾，实则细心更胜我一筹。酸奶滴到手上，即刻递过卫生纸，一张帅颜在对话时瞬间刷成表情包，颓废时一起喊出至死不渝的人生鸡汤。无数个相伴的日夜，拼凑成一句友谊序言：“与君初相识，犹如故人归。”

渡人伍：谁知江上酒

雪晗姑娘对我来说就是个神奇的存在。暴雨倾盆，她却从容拈花一朵，做成标本，替我留住春天；睡到懵懂，却还是像个孩子一样笑得灿若云霓；走在分岔路口找不到路标时，她只是抿了眉，伴我走过漫漫长夜。

这世界的鲜活可爱，一一略述，不及其明眸，且道一句：姑娘世无双，陌上人如玉。

终章：复行百余里

读过很“丧”的一段话：“我们注定要失去我们所爱的人，要不然我们怎么会知道他们对我们多么的重要。”我捂住了眼睛，不忍再读，可后来的后来，恍若经年，大梦方醒：人海茫茫，错过不是过错。唯一可以肯定的是，我知道我不是你的永远，我唯一可以做的，就是把你送到彼岸，而后呼喊着“一路顺风”，好制造一种假象——就算离开你，我的世界还是阳春三月；好似这样，才能各自放心远走。

【点评】

做好手中事，珍惜眼前人。我们生命中出现的每个人都像是天使，在教会我们一些东西之后悄然离开，但交汇时互放的光亮足以温暖我们一段人生。人生正是有了无数次的相遇，才会变得光彩熠熠。文章最后写得非常好，“复行百余里”“人海茫茫，错过不是过错。唯一可以肯定的是，我知道我不是你的永远，我唯一可以做的，就是把你送到彼岸”。做好手中事，珍惜每一个遇到的人。

回忆中的曾经

武语春

“人会死，花会谢，看似有价值的东西实际上毫无意义。最终留下的是一个影像，模糊的影像，供我们回忆……”这是《风雨哈佛路》里的一段话。那些奋斗的经历、留下的影像会在脑海中循环放映。青春飞扬的时代，个性绽放的我们，绿茵草地记录了字条上的密语歌声，在我们白纸黑字的年华中，布满了我们单纯而美好的梦想。在影像中的故事里走过匆匆时光，那些散去的记忆仍旧遗留在心中，成为一道最亮的风景。

空徘徊，断惆怅，那时的那时，让记忆定格在属于我们的时光里。

8 月，带着憧憬，我走进这座校园。扑面而来的是几乎让人窒息的热浪，还有无法适应的长腿蚊子的攻击。我抬头望天，天空不如我往日所望的那般蓝，但我又脚步笃定，因为这是我自己选择的逐梦之旅。于是，我拼尽全力，想要缔造属于自己的传奇。

然而，事实并不像我预料的那般顺利，真实的故事里，是调考中比学号靠后大几十的班级名次在主演——在七十人的班级里考到六十几名，几千人的学校中考到两千三百名；是看到一次次惨淡收场后的无声泪珠在伴奏。物理的不及格让班主任记住了我，数学成绩排名总是准确而真实地反映着班级人数，回忆中的曾经，竟是那般不堪。

12 月，带着遗憾，我踏入 B 部一楼，带着 50 的大学号仍想奋力一搏。新同桌是 2 号，是我初中校友，但仅三个月时间，就将彼时的不分上下翻转为此时的巨大差距。听着被称“大师”的新班主任的班会，我想了很多。接下来的日子里，我误打误撞地成为班级进步前 10 名中的第 10 名，但紧接着班级第 32 名、年级第 195 名，那也是我迄今为止最差的一次大考。像是打了鸡血般奋勇向前，又两次考试后我带着 50 的大学号考到了年级 50 名。我轻叹一口气，此时，不负初心。

有时，进步又不会连续眷顾你。不时的小傲气让我的成绩开始在班里二三十名徘徊。新学号折了半，变成 25，我也邂逅了另一位同桌，开始共进退。

又一年 6 月，带着新希望，踏入新班级。相同的班主任，最初三个月时的同桌，一切都是那么熟悉，却又总流露出不同。新学号是 20，共进退的同桌学号是 19，再前任同桌是同楼层的某个班的 1 号。在这里，又开始了新的征程。

8 月，再回首，原来已经一年过去。汗水冲刷了往日的流年，却仍依稀记得来时的路途，目标总是很远，感觉每次都达不到自己的期望。摸爬滚打中，将学号滚到了 15，老同桌是 5，那个同桌仍是 1。不再是倒数的彷徨，却多了应对偏科的忙碌；数学不再是那般落魄，成为唯一一科名次在总名次前的贡献者。从 78 分到 149 分，回忆中的曾经，也多了份光彩。

一些事，或许藏在心里会比较好。曾看过的风景、走过的路、听过的歌就把它们都安放在回忆里，等时间润了脸颊，好了伤疤，再拿出来回忆，那些过往也就磨砺成了细沙。不忍遗忘的，终是定格在记忆里，被风拂去尘垢，描成一幅活灵活现的画。

那段生活让我成长了许多，让我站在任何一个舞台上都能勇敢地去追求。总觉得现在的阳光和之前有很大不同，或许是心态原因。每当遭遇一段坎坷阻碍时，我便会翻开旧时的画面，想象着那时的奋斗。每当于一条分岔口前无法抉择时，我总会参照曾经正确的选择，鼓励自己，相信经历的终将成为一生不能抹去的记忆。

回忆中的曾经，曾经的回忆，那是浅浅淡淡的逆袭奋斗，一切都在心里。

【点评】

学号不仅仅是一个简单的数字，学号的背后，浸透了奋斗的泪泉，洒遍了牺牲的血雨。这篇文章通过自己的学号变化来回忆充满奋斗和坎坷的高中的故事，深入浅出，以小见大。那些关于学号的回忆，那些逆袭与奋斗，都深深地埋藏在心里。

寻薰

王子月

我喜欢上你了——衡中

有人说："青春就要活得坦荡，你不约会、不谈恋爱、不出去玩、不逛街、不疯不闹、不叛逆、不追星、不暗恋、不表白、不聚会、不K歌、不撒野、不打架、不抽烟、不喝酒，因为你要学习，请问：你的青春是被狗吃了吗？"

有人回："你约会、谈恋爱、出去玩、逛街、疯闹、叛逆、追星、暗恋、表白、聚会、K歌、撒野、打架、抽烟、喝酒，你不学习，请问：你的青春，狗还吃吗？！"

我考上衡中的概率，就像我当选美国总统的概率那么小。可没想到，就像巴黎公社能胜利那样充满了偶然性的耗子，能被我这个色盲的猫碰上。从没想过的是，这个被人吐槽"校长一经过，池塘里的鱼都吓得排队"的衡中，会给我带来这么多的快乐。

元旦的时候，我跟我闺蜜聊天，她现在在邯郸学专业化妆。她说："学习好无聊啊。"我回："姐姐您这还叫学习？"她回了句："你要是学了，就不觉得简单了。"

她现在每天要照着一张模型画上十个小时，在同学中还是不行。有些成绩不好的同学已经找导师沟通，去学习给死人化妆了——因为竞争少，赚钱多。

"才过了一年多，我就被落下了。"她吐槽道，"你那里真好，我都快被粉呛死了。"

也许，在哪里都有竞争，只是竞争的压力与残酷彼此并不知道。我于是幻想着，我要是转学，一定能学好。现在学不好，只是这里不适合我。

这样想来，衡中是个有梦的地方，真是个好地方。

9134 宿舍的日常

9134 宿舍是一个神奇的共振体。

9134 宿舍的床都是一个个多情的人儿，每早与床分别之时，床总是舍不得我们。于是，与床完成“解体”成了 9134 的每日任务。伴着合唱版《追梦赤子心》的响起，大家屁滚尿流地下了床，闭着眼，摸索着收拾被子。我从上铺下来，使出洪荒之力、惊魂之脚猛踹下铺的老晗。老晗同志倚老卖老、张牙舞爪地做出一副“我不弄死你我不姓魏”的表情，我拿起语文书就溜，碰上隔壁宿舍的人赶紧拉住戏言一句：“有人非礼我啊！”

衡中的人也很疯癫

杰伦妹妹真的是自恋到家了。某日晚新闻，我递给她一张字条：“岩姐，有数学书吗？”很久之后，字条传回来了，一副要包养我的口气：“子月妹妹，书，姐姐我没有。但，姐给你借了一本！”

我想，我喜欢上衡中了。

这里，有躲在草丛中怎么叫都不出来的高冷猫咪，有一株株被视为迷信的四叶草，有低错罚不停的红红，有一脸呆萌的小花老师，有无限粉红的饮水处，有新闻集散地卫生间，有井喷表情包英语魏老头，有合唱版的《海阔天空》，有惊艳 9134 的电驰小老鼠，有与我们促膝长谈的十九大代表做班主任，有滔滔不绝、口若悬河、理直气壮的乔帮主……

每一天都很平常：每天傲娇得不行的小公主、剥橙子给我吃的 stone、天天吃巧克力的天线宝宝紫璇、社会大姐姐婕妤和二姐姐雅桐、中午集体吃泡面的 9134 和天天蹭泡面的艾佳……只是有时候，stone 喂我的时候会被“大老板”看到，小公主撒娇时会收到笑凡的不屑，杰伦妹妹在教室大喊一声“哪位小妹妹要跟我吃饭去？”等没人理的问题时尴尬得要死，被二姐姐嫌弃时受到了 100 点伤害。

每天都很平常，可我很享受。

衡中内外的日子很简单：早上有霾，中午有肉，返校的时候封高速。

在这里，你每天一边说着“老子不干了”，一边划拉着圆锥曲线；一边嘟囔着哪科老师太狠了，一边声明：“我的老师别人不能说不好，只有我可以说不好，不信你试试看！”

在衡中的每一天，我看着人来人往，又被人来人往的人看着。衡中的每一寸湿润的土地，每一抹微笑的阳光，每一洼争奇的牡丹，每一片斗艳的芍药，都成为我梦中的倩影。

我不敢想，离开衡中后的我们要怎么生活；伴着晨星熹微而醒，却没有人给你说“早上好”的机会；匆匆解决完早饭，再也没有人嘲笑你的吃相；随手写下几个字，不会有腹黑的朵朵在卷子的正中央写上满篇的“丑”字……我们会不会怅然若失，会不会无来由想念那些被自习砸得半死不活的日子，会不会忆起那种在压力下几近窒息的感觉？

我们是“自由”了，却永远地贴上了衡中的标签。提到 society，你会不会想起教室后面那一堆貌似脑癌晚期的学霸们；大街上有人喊“杰伦妹妹”，你会不会想起班上追杰伦近乎疯狂的小姐姐；再听到有人说“青年们”，你会不会不顾他人的目光喷饭……这些，是独属于749班的段子，眼角些许星光，是青春的痕迹。

很欣赏一句话：“我看待这个世界的眼光很单纯：一种是能吃的，一种是不能吃的。”感谢衡中，让我在能吃的年纪，遇到了优秀的你们。我们一起奋斗，一起疯狂，一起卓越。

749 加油！ 2019 年博雅塔下，我们在一起。

毕竟，我们可不只想当梦想的备胎。

【点评】

衡中并不是规则的堆砌，也不是惩罚的集中营。在衡中生活充满了快乐与幸福，一切都被规划得井井有条，而衡中人也是充满了幽默气息和积极向上的态度。这篇文章通过幽默风趣的语言真实地还原了衡中学生的生活，一颦一笑，一举一动，开心和失落，疯癫和认真，向世人展示了一个既有梦想又有快乐的衡中。这样的衡中谁不爱？

你若安好，便是晴天

庞智铭

第一次看到这八个字，是一本书的名字。书的内容早已忘了，这八个字却一直铭记于心。

第一次将这八个字写给别人，是在初中。她带了我们两年，为我们哭过、笑过、病过、骄傲过、失望过。我最爱看她的眼睛，那是一双能传递出所有情绪的眼睛；最爱看她的笑，那一笑便胜过了所有的褒奖。距离期末还有 10 天的时候，我在计划表上写：要分别了，最后一次的拼搏，不为别的，只为她的会心一笑。分班那天，黑板上写满了各种留言，大家写上自己的名字，留下最后的集体记忆。同学录在班里乱飞，大家都希望以后还记得彼此。我考了年级第一，但没能换来她的笑。我知道，是因为要分别了……她坐在讲台上，看着我们，不言片语，不露喜怒。我把早上写好的本送给她，她打开看，对我笑了，眼睛里却流出了泪水。可能，那是她哭得最伤心的一次。本子上写着："路漫漫其修远兮，吾将上下而求索。老师，学生今后会继续努力，希望您能照顾好自己，你若安好，便是晴天——"最后的八个字，是我最想说的话。

《失恋 33 天》中，大老王对黄小仙说："你们这一代人啊，没感情。"很多人觉得，90 后、00 后越活越小我，不再有先辈那种伟大的情怀，不再有领袖的高远格局，不再有 20 世纪那种红色精神、铁血灵魂。没错，没有人再像周总理一样十几岁就喊出"为中华之崛起而读书"，也没有人再像保尔一样"为人类的解放而斗争"。我们这一代，从小父母对我们的教育是："记住，你不是给我学的，你学习是为了你自己的未来。"

但我觉得，不是这样。

也许，我们的心里没有世界和平，没有中东难民，没有灾区儿童，但我们心中有爱，我们每个人心中都有一个晴雨表，上面刻着我们爱的人。

我最大的梦想，就是“你若安好，便是晴天”，就是未来有能力让爱的人幸福。

“你若安好，便是晴天”——这是00后青春的宣言，这是我们青春里的感恩，这是我们肩上的责任，这是我们心中的温情，我们为之努力、为之坚强、为之走向远方。也许，我们并不伟大，但我们足够懂得，足够感恩。

【点评】

作者把“你若安好，便是晴天”这八个字赋予了知恩、感恩的意味，从老师传达情绪的眼睛到妈妈电话里的唠叨，感情真挚而细腻。

因为爱，所以等待

李倩

某年大年初一，浙江卫视中国蓝剧场上映了一部仙侠剧，剧中生来就是仙胎的白止帝君的幺女白浅在历经几十年的劫难后终于飞升上神，开始了她新的故事。

其实，谁又没有经历过一场劫难呢？

我还记得那段日子有多么灰暗——连续5次退步，跨越了1800名的历程。当认清自己，决定回头的时候，遇到拖延，遭到轻视。一个人在班级最后一排的角落，不知所措，无所事事。回到家里，因为前途迷茫，在那个不眠的夜晚，我和妈妈抱成一团。那是妈妈第一次给我讲起她曾经的故事：年轻的时候，她家里穷得叮当响，唯一的交通工具是全村破得找不出第二辆骑起来哐当哐当响的自行车。她孤身一人来到城市，举目无亲，走在大街上都觉得孤独。她也想过给家里打个电话，诉诉苦，最后，她忍住了。苦，总是要受的，只有自己熬过才算数。

妈妈说我是难产的孩子，出生的时候，差点丢了命。我若有所悟，我想经历过劫难，终有一天，我也可以飞升上神。最后一搏，幸运之神终于还是眷顾了我，虽然被“流放”，但对我来说是最好的归宿。

第一次到衡水中学，我觉得这所学校和其他学校不一样：高大的树木枝叶相交，给小路绿色的怀抱；学校建筑一看就知道有了年龄，泛黄的边边角角让人觉得温暖可靠——这是衡中真正的根，有历史，有风骨。在这里，我得到了重生。我抓住了王珊珊老师在衡中的教学机会，汇合了我的亲姐姐李维，还有那个给我无限包容保护、温暖体贴，如今只能在历史学案上偶尔见一两次名字的，只有一个多月师生缘分的班主任。

看到分班结果时，我的眼睛中隐约有了泪水。曾经遥不可及的衡中文实，我回来了！坐在教室里，我知道命运现在只掌握在自己手里，随时都可以为梦努力、为爱前进。虽然自己的成绩一直在四五十名徘徊，但我从没有失去信心。老班说她相信我，我也坚信我可以！期末将近，我想给大家看到我的改变，均四十、均十都不是不可及，我不能辜负那么多爱我、帮助过我的人。748，一定是我高中时代最温暖的班级，我最绚烂的年华在这里，最深爱的人在这里。

时光会吹散所有阴霾，等待，恰逢花开。

【点评】

作者的成长历程和很多人一样坎坷，好在有众多“爱”的陪伴，成就了最后的成功突围，但这只是起点——因为爱，所以等待；因为爱，恰逢花开。“爱”在文中出现的次数不多，含蓄而深沉。但爱不只有等待，爱有苦，必有甜，爱有沉淀，也必有飞扬。爱温暖失落的心，也撑起梦想的翅膀。

因为有你，心存感恩

李琛欣

曾经盛开的蔷薇，虽经风吹雨打，但和着微风，还有微微暗香拂过。

上帝也许不公，对于某一个人给予的苦难太多。另一方面却很公平，因为他给了我们命运的恩人。

感恩亲人

那天，家人在一起共进午餐，不知怎的又回忆起了小时候。妈妈问我："你还记得我打过你吗？"

记得，当然记得。从小到大唯一一次挨打，记忆犹新。

那是一个冬天的早上，只觉得窗外寒风呼啸，温暖的被窝让我睁不开眼，缓缓醒来，发现上学快迟到了。我因为爷爷奶奶没有按时叫我起床而升起了无名的怒火，哭叫喊闹，摔砸东西，就是不肯去上学。爷爷奶奶拿我毫无办法，只得偷偷给妈妈打了电话。

寒风吹得门口的风铃叮当作响，似在和我的哭声比较高低。妈妈回来了，骑了 40 分钟自行车，从她教学的乡村学校赶回来了。

"嘭""嘭"，院门和屋门相继被摔上，伴着寒风的助力，巨大的声响让我心中一颤："完了，妈妈生气了！"

看着妈妈的气势，我哭得更凶了，只觉一股寒气逼来，我被一脚踹倒在地。妈妈扬长而去，关门声的回响在我耳边久久不去，撕心裂肺的哭声还记得那么真切。

思绪回来，我冷冷一笑："记得，当然记得了。"

"唉，那次打完你我就后悔了，那时你在屋里哭，我在外面哭。还好你后来懂事了，不让我那么操心了。"

我怔住了，脑海中形成了那个永恒的画面：一位因为惩罚了不懂事的女儿而自责的母亲，在瑟瑟寒风中独自痛哭，无人安慰，无人理解，默默承受，泪珠滑落，凝成一滴滴永恒的冰晶。

感恩老师

我的老班是十九大代表。

10 月 25 日，老班归来，是在下午全体代表合影完后匆匆赶回。

21 点多,她在家长群里发了一条消息:“亲们,我回来了,未进家门,先进校门。孩子们在上课。”

是啊，未换会议服，脸上带着些许疲惫，直接来到了 748 的门口，只一心想见到她的孩子们，进来对他们说一声：“我想你们了。”

她为她教的 140 个孩子每人带来了一份礼物——一支大会专用笔。

她从教 33 年，桃李满天下，却仍记得学校这些常惹她生气的孩子们，想给他们带来更多奋斗的动力。

她今年已经 51 岁，得到的荣誉和称号无数，却还多次因一群不懂事的孩子急红了眼、落下了泪。

“先有父母心，再做教书人”，这是她秉持的原则。无论带什么样的班，她都会倾注全部的心血；无论对什么样的学生，她都会以慈母之心对待。

还记得那次我向她表明“雄心壮志”时，我们的手紧紧相握，老班的手那样温暖，老班的目光那样坚定。

她说：“琛欣，我相信你。”

地理老师是我男神

肤色微黑，身材微圆，脸上常洋溢着笑容，这就是我的男神。不是明星，不是网红，只是衡中一名普通的青年教师，我亲切地称他小杜老师。

是他轻松生动的课堂最先吸引了我，诙谐幽默又思路清晰，要点详尽又重点突出。

因为年龄相差不多，小杜老师更像哥哥一样，为我解答了一个又一个学习上和心理上的问题。

他说："心怀感恩，心存不惧。""我们的腼腆小丫头，成绩一直很棒的，而且还会更棒。""今年清北突破 170 人，2019 年你会不会也是其中一员？"

小杜老师啊，我何尝不知道这是您对我变着花样的鼓励，可是我真的很感动。您赢了，我受到了鼓舞。

老班不在，他担起了小班的职责；篮球比赛拼尽全力，甚至还弄伤了腿，只为增加班级的凝聚力，为他的 748 班争夺荣誉。他在朋友圈中说："拖着一条残疾腿，从 7 点 50 分上到 9 点 50 分，想死的心都有了。"这句开玩笑的话让人心酸，让我看见了一个青年教师的坚守，更让我感到一份令人动容的师恩。

感恩同学

还记得哭泣时递过来的一张纸巾吗？

还记得不舒服时接过的一杯热水吗？

还记得一起喊出"霸气冲天"的口号吗？

一句安慰，一声问候，点点滴滴的感动深藏在心底，无限温暖萦绕在身边。

我心柔软，却有力量。我愿献给你们最美的微笑，驱散一切阴霾，带来灿烂阳光。

将最初的感动巨细无遗地保留心中，不容时间腐朽了初衷。

流水带走光阴的故事改变了每个人，唯愿，今夕何夕，不改初心。

愿你如阳光，明媚不忧伤。

愿你拥有每日，日日是好日子。

愿你在时光的洪流中不悲不喜、亭亭而立。

因为有你，心怀感恩，因为感恩，更有力量。

爱我所爱，无怨无悔。

我爱的你们，愿一生，平安喜乐。

……………………………………………………………………

【点评】

文章截取身边最亲近人的几个片段，描写细腻，生活气息浓厚，使文章显得自然亲切。文章语言虽然并不华丽，但却极为准确生动，情感丰富而真实。从字里行间能够感受到作者对亲人、老师、同学浓浓的爱意和感恩之情。

总能过好这一生

赵一婷

遇见你乃毕生所幸

我本孤身前往，去看一场花事。午后微雨突袭，你恰好渡船而过，我们便在春柳拂面的桥头相见。

感谢出现在时光中的每一个人，你们都是十字打头的年纪里最丰盛的记忆。这里有拍拍我右肩却出现在左边的人，有熄灯之后扯过被子陪我谈天说地的人，有陪我从水房唠到厕所、进了宿舍还恋恋不舍的人，有目睹我一顿饭吃掉三碗还不放弃我的人，有大小节日都会送我明信片的人，有在我翻江倒海的时候送暖水袋和暖宝宝的人，有逼着我吃素的人，有鼓励我追求梦想、愿意陪我去电视台的人，有对我说“我怕你受伤”“你长大了”的人，有一天给我起 N 个外号的人，有嫌我办事风格匪夷所思还全盘接受的人……要知道，这些都是我最想遇见也果然遇见了的人。

曾以为衡中是深不可测的牢狱，直到我得到了这么多“狱友”和可爱的“牢头”（比如霞姐、“大老板”“帮主”和宿管奶奶）。

感谢相遇，在这里，我有最卓越的诗意——左手牵着你，右手必刷题。

生活是个圆

生活是个圆，无论怎么绕圈，该遇见的总会遇见，不该分别的也必定重逢。村上春树说，你要做一个不动声色的大人了。不准情绪化，不准偷偷想念，不准回头看。去过自己另外的生活。你要听话，不是所有的鱼都会生活在同一片海里。

两年时光经历的种种，足够我们感受别离。但并不遗憾，反而让我们的记忆变得更加丰满。况且，在阴雨连绵里，擦肩而过的人终会在某个阳光热烈的午后与我们并肩而行。生活是个圆，我们终会再见。时光驯服一切，往日皆似回声。

感谢上一次分别，给了我们踏入新室却喜逢旧人的安慰，更有了或许酝酿已久的新的相遇。的确，我离开了“闫老板”，但也结识了“孙老板”；我失去了从四楼奔下迎接日出的自己，却摇身变成追逐“霞光”的人。我相信，存在即合理，每一次的分别都有除泪光以外的含义。现在我敢说再见，因为我知道，我们一定会再见。

你有梦吗

白鸟衔起翠枝，柳叶远飞天涯，桃花下的马匹一夜之后迷途于江湖。我不甘心自己的好时光被突如其来的打击掐断所有动用翅膀的可能，所以我想在能飞的日子不停地摆动双翼。有执念于起起落落、心潮涌动，终究归于平静；有目光所及皆是博雅、未名，由衷呐喊不破不归。有梦，就去追吧，不管前方的路有多苦，只要走的方向正确；不管多么崎岖不平，都比站在原地更接近幸福。

“鸡叫了天会亮，鸡不叫天还是会亮的，天亮不亮鸡说了不算。问题是天亮了，谁醒了。”愿每天铃声一响，醒来的不只是躯体，还有梦想。

有一天“帮主”语重心长地说：“学历史和人生一样，找到自己是从哪儿走岔路的，回到那个岔路口，别怕，咱们重新走。”如果旅途一帆风顺，谁又会珍视彼岸花开？在飘忽的花香中，我们要做虔诚看花人，站在时光的边缘上，等着梦想一点点明亮。

我们的一生已经过了十几年，这十几年里遇见、经历的种种，都值得用心珍藏。愿新雨熨平，素净芬芳，日光微醺，风息温柔，我们，总能过好这一生。

……………………………………………………………………

【点评】

大标题下三个小标题，表述了自己一生中的遇见、分别、梦想，联系紧密。小标题与大标题呈总分关系，但小标题与小标题之间应相互呼应，或成时间顺序排列。

国

志学处世，家国为先

无可奈何花落去，曾经忠魂耀红星

——说“瓦良格”号航母

方铁树

2012 年 9 月 25 日，辽东湾，渤海风和日丽，辽宁舰在这一天下水。许多人不知道的是，它的前身——“瓦良格”号航母，已经在黑海里浸泡了 30 年。从大连造船厂向西、向北，乌克兰黑海造船厂这个苏联最大的造船基地，正在海风、波浪和萧条中被静静锈蚀着，一个水手般苍老的面孔与此处的缘分是一生解不开的结。

这个面孔，属于尤里·伊凡诺维奇·马卡洛夫。他于 1934 年出生，1958 年毕业于尼古拉耶夫造船学院，1976 年 4 月初任黑海造船厂总工程师，1979 年开始担任黑海造船厂厂长，2002 年逝世。他是苏维埃的英雄，作为红海军三代航母的缔造者，他的一生，浓缩为红星上的一抹鲜红。

他身上没有“阿飞”一代的叛逆和空虚，相反，在他还是黑海厂一名基层工人的时候，他便以全心全意的热情与专注投入到了技艺学习中去。在黑海厂批量生产排水量数千吨的大型渔船时，他创造性地提出了移植汽车工业上的流水线生产法，建议把工人们的生产任务细化至分钟，他也由此受到赏识，最终成为黑海厂新厂长。此后，900 吨天车在他的指挥下拔地而起，成为新的地标建筑。

成为厂长的马卡洛夫仍深入基层，严把质量关，转遍每一个舱室，审查每一个文件。在他的领导下，基辅级航母四艘、“库兹涅佐夫”号航母两艘、“乌里扬诺夫斯克”号航母一艘先后登上船台，使苏联的航母梦逐步走入现实。是他，让俄海军的海上制空制海权从绘图板上走向大洋深处。这是马卡洛夫本人，亦是黑海厂、俄海军的巅峰。

夕阳亦然风光好，无奈只是近黄昏。曾经江山今飘零，老泪纵横悲血涔。英雄的热血和船厂繁荣的外表下，隐含着大厦将倾的不安。人运、厂运、舰运都与国运紧密相连。谁也不曾想到，红色苏维埃的解体竟是那样迅速。当克里姆林宫易帜时，马卡洛夫和许多人一样流下了浑浊的眼泪。这动荡不安的背后，更关系到七艘航母的命运。楼船东去山河崩，世道浮沉叹海空。孤胆未已惜落日，君知红星为谁红。

他站立在萧瑟的风中，看着政客们争夺遗产，看着昔日的孩子离他而去：基辅级航母四艘报废，其中两艘成了主题公园远走中国，一艘被美国人仔仔细细研究后回炉，一艘封存后卖给印度。俄罗斯抢走了“库兹涅佐夫”号，“乌里扬诺夫斯克”号在完工 70% 的情况下因美国人设计套购被拆毁于船台上，老厂长的手中只剩下未完成的“瓦良格”号这个宝贵的王牌。当被问道“为了将船完工，工厂究竟需要什么”时，马卡洛夫回答道：“苏联、党中央、国家计划委员会、军事工业委员会和九个国防工业部。”所有在场的人终于明白，在国家解体的情况下将“瓦良格”号建成已经再无可能。

墨浪千古亘澎湃，无奈花落春不再。风彻白头老病休，曾盼化泥应春来。晚年的马卡洛夫酷爱摄影和抽烟，虽疾病缠身，但仍关心海洋教育事业的发展。“马卡洛夫杯”帆船赛就是以他的名字命名的，奖品就是他的得意作品——“库兹涅佐夫”号航母的模型。

海是永恒的，船是与海相伴的，只是马卡洛夫，这位为苏联尽忠一生的造船人，不能再与其一起漫游。

2000 年 6 月 14 日清晨，病中的厂长马卡洛夫在自己的小屋旁心情沉痛地送了“瓦良格”号最后一程，身边的医护人员看见，眼泪沿着他的脸颊静静地流淌下来。

惜别瞬间的来临
天才创建的舰艇
你耸立着在河上出现
展翅梦想的黑色怪影
你迅速躲进雾里
风吹干了眼泪
……

2002年，马卡洛夫去世，他的家人只领到了很少的抚恤金，黑海厂也陷入私有化浪潮中。“瓦良格”号被中国创律公司拍下，历经两年多的阻塞、干预、漂流，又历经十年坎坷，在中国重生，成为我国航母发展的奠基石，并直接指导了第一艘国产航母的建造，与俄罗斯日益窘迫的船台形成鲜明对比。

放眼历史，英雄的悲剧总是江山的悲剧。和平演变阴谋瓦解了苏联，在那风起云涌的年代，我国却完成了从“站起来”到“富起来”的跨越。如今，中国正在“强起来”的康庄大道上奋勇前进!

作为文实的学生，我们要以实现伟大复兴中国梦为己任，把国家需要与自身发展紧密结合，争做新时代闪耀的红星!

……………………………………………………………………………………

【点评】

这篇文章通过诉说“瓦良格”号航母的一生，向我们展示了苏联的沉没与中国的崛起。苏联解体，七零八落的国家，让“瓦良格”号航母这项伟大的工程停止，而中国的加入让这艘航母在生锈的海底重获新生。沧海桑田，“瓦良格”号在中国的重生成为我国航母发展的奠基石，它印证了悲剧的苏联和不断创造历史的中国。作者在文章末尾升华主题：我们要做中国的建造者，做新时代闪耀的红星。

“二战”列强的国家战略

李禹皓

穿过迷雾般的过往，追寻历史中的真相；翻阅尘封的黄卷，怀念那记忆中的辉煌。如果让我为热爱历史找一个理由，那浩如烟海的丰富内容、灵动多彩的呈现方式与新奇瑰丽的独特视角便是我的答案。

英国篇

夜幕将要降临，山巅上夕阳的光辉浓艳得近似紫色，大英帝国的未来将笼罩在惨淡无边的黑暗中。“绥靖政策”有着深厚的背景，暮气沉沉的英国怎能再与正当精锐的德国全力一拼。何况身侧还有心怀鬼胎的美国和虎视眈眈的苏联。

决不能先撞上那辆疯狂的战车！

让日本去消耗美利坚，让德国去拖垮苏维埃！那辆盲目而疯狂的战车固然可怕，但巨熊巨大的阴影和苍鹰锐利的目光更让人胆寒！当巨熊轰然倒下，苍鹰颓然收翼、战车四分五裂时，太阳将再次从英伦升起，帝国的光芒与荣耀仍将笼罩世界。

为了这一天的到来，一切的让步与妥协都是值得的。

所以，烽火由柳条沟燃到卢沟桥，吞并由奥地利到苏台德，好啊！

他的策略奏效了——苏联大搞反法西斯统一战线，美国曾连续三次呼吁介入中国事务，大不列颠又回到了世界舞台的中央。

但饶是他机关算尽，仍犯下了致命的疏漏——他高估了日耳曼人的理性，低估了他们的胃口和复仇的决心。

一纸《苏德互不侵犯条约》让波兰顷刻灭亡，百万装甲洪流剑指西欧。被元首艺术家拖入坟墓的不仅是德国的光荣与梦想，还有英国的霸权和辉煌。

政治家怎么可能理解艺术家？张伯伦实在无法相信德国的突袭。但彼时，已无力回天。

这一系列事件，最终折射出来的还是大英帝国力不从心的无奈。张伯伦不可能再像他的前辈一样顺流而动，只有在湍急的险流中才敏捷地撑一下轻篙，“光荣独立”已是昨日辉煌。

大英帝国的谢幕，终究非长久之计。“离岸平衡手”实在无力支撑，左支右绌。借力平衡就像是高跷杂技，貌似高大伟岸、巧妙异常，实则是流沙筑堡，脆弱不堪，致命的一击终使帝国轰然倒塌。

往事如烟，百年过后再回首这段尘封往事，历史真的欠张伯伦一个公道的评价。毕竟他不是无能的庸才，而是老谋深算的政治家。在当时的情况下，谁也无法阻止历史的车轮——眼见他起高楼，眼见他宴宾客，眼见他楼塌了——这是帝国的挽歌。

美国篇

若问谁是“二战”最大的胜利者，毫无疑问便是美国。美国经济不仅趁机解套，更收获了全球的霸权。

曾有人说，如果上帝不是美国人，那也一定是美国人的亲戚。“东西皆大洋、南北无列强”的地理位置，使得美国总能从容加入战局，但美国最大的危险是孤悬欧亚大陆之处，难免鞭长莫及，故美国虽明守中立态度，却暗运乾坤于掌中：一面为德国投资，另一面却又向英国贩卖军火；先与日本大做生意，却又在关键时刻断其石油供给。珍珠港事件更不啻是一个惊天骗局，为美国顺利介入战争找到了一个绝妙借口。德国攻打英国无望，只得寄望闪击苏联，日本捉襟见肘时必偷袭美国。

美利坚，最终成为这场人类历史上最为波澜诡异的国际关系中的胜利者。

回首往事，唏嘘之余，更要看到教训：战争无利于人民、国家、世界。坚持我国的和平崛起策略，更要始终推进以联合国为中心的多边外交，防范某些国家的危险幻想。

【点评】

战争是残酷的。这篇文章通过分析二战时期大英帝国的谢幕和美国的崛起来论证战争无利于人民、国家和世界，但我们要在战争中总结经验教训。文章末尾为中国的发展提出方向性的建议，要始终推荐以一个联合国为中心的多边外交，要防患于未然，防人之心不可无。

小熊猫，已经长大

樊冬涵

台湾岛内左翼漫画作家创作的漫画《熊猫成长史》，很好地反映了我们新中国成立以来，以美帝国主义为首的西方资本主义国家，从不曾放弃以经济、政治、文化等手段，对我们进行殖民渗透和思想侵略的事实。

正如这组漫画所反映的那样，美国从来都不是流氓行为的第一制造者，而是有忠实的爱犬。不管这些爱犬曾做过其殖民，还是迫于其武力威胁，它们总是手握一把美帝赋予的手枪，在我们的小熊猫周围做着看似无所谓，实则是步步试探、变本加厉的殖民行为。这早已是司空见惯的老手段，我们也早已习以为常，忠犬的子弹还没上好膛，我们就看到了它们的目标。我这里想要谈的，是忠犬背后帝国的另一手段，这一手段更卑鄙，更不易被察觉，也更危险，我们暂且把其称为后殖民现象。

关于殖民主义的论述多如牛毛，大都在民族主义者对前帝国殖民的批判和帝国主义者对殖民扩张的辩解之间徘徊，值得留意且必须分析但又往往被忽略的一个现象，却是前被殖民者在后殖民时期对殖民主义的辩解。

所谓后殖民时期，即不同于早期的武力讨伐、签订不平等条约、蚕食鲸吞，而是在不断发展壮大的现代信息网络中埋地雷。这个现象是有迹可循的，但由于当前政治论述的话语权掌握在西方前殖民者手上，在主流的论述之中，民族主义被赋予越来越多的贬义，逐渐被等同为一种极端的政治行为。如前一段时间热映的《战狼 2》，西方媒体便普遍将其描述为一部民族主义泛滥的作品。不过，在钓鱼岛群的争端中，日本右翼游行反华、呼吁日本政府武力夺岛、向中国驻日使馆寄子弹等言行，掌握舆论权的西方主流媒体在报道、评论日本时，一律禁用“民族主义”这一措辞，因为日本是北约盟友；当中国人进行反日活动时，西方主流传媒却从不吝啬将中国描绘成一个民族主义逐渐失控的社会。

在国际新闻语音的脉络中，“民族主义”已经成为西方国家操控国际政治环境的一个手段。与“民族主义”类似的词语还包括“共产国家”“不民主国家”“拥有大规模杀伤性武器”“拥有制造核武能力”等，看似日新月异，实则是新瓶装旧酒。只要被贴上这些标签，西方国家便有权力颠覆你的政府、侵略你的国家、屠杀你的平民，因为你早已在舆论上被判了死刑。

不可否认，这种卑劣的手段已经对我们的民众产生了影响，一部分人开始为帝国主义、殖民主义辩护。他们声称，应以积极的眼光看待殖民侵略，将其美化为为实现现代化而付出的应有代价。但任何一个秉持历史唯物主义观的人都清楚地知道，无须殖民统治，我们也会自然实现现代化历程。对待这种现象我们要警醒，当此种思想在部分群体中扎根发芽，那么我们面临的将不仅仅是人民内部矛盾，而是民族矛盾与阶级矛盾。

诚然，我们是不会放弃国际主义的。每届党代会最后一个议程都是奏响国际歌，英特纳雄耐尔从来都是每一个拥有共产主义信仰的人的终生信条。但国际主义绝不等同于放弃我们的民族，任由西方势力对我们进行同化、殖民化。

在一次中美领导人会晤中，习近平总书记与美国总统特朗普共同参观故宫博物院，特朗普说道：“我想最古老的文化是埃及文化，有 8000 年历史。”习总书记答道:“埃及更古老一些，但是文化没有断过流的始终传承下来的只有中国。”特朗普说：“这就是你们原来的文化。”习近平总书记答：“对，我们这些人也是原来的人。黑头发、黄皮肤，传承下来，我们叫龙的传人。”

道路自信，理论自信，制度自信，文化自信，就是面对种种同化与渗透，坚定中国精神，坚定中华文化。我们决不允许任何想要破坏我们民族凝聚力的势力得逞，因为，小熊猫已经长大！

【点评】

小熊猫是中国的象征，小熊猫周围充满了危险，有恶犬，有欺压。这篇文章将中国比喻成小熊猫，用台湾漫画作家熊猫成长史的内容生动地将中国目前所处的环境展现给读者，由浅入深向我们展示了中国所面临的状况和应该前行的方向。小熊猫已经找到道路自信、理论自信、文化自信，面对种种欺压依然坚定地屹立着。

你的爱，让世界春暖花开

管郡

战地记者萨厄尔拍摄了一张女童惊恐投降的照片。萨厄尔当时用的是长焦镜头，一般情况下，孩子见到相机时要么跑开，要么捂住脸，要么微笑。可这个孩子以为那相机是一把枪，她很害怕，因为她紧咬嘴唇，举起了双手。

联合国统计显示，自 2011 年 3 月叙利亚冲突爆发至 2014 年 4 月期间，超过 19 万人死于叙利亚内战，其中包括至少 8803 名儿童，而 1/4 的孩子还不到 10 岁。

难民营中有很多人无家可归，在孩子身上更容易看到他们所经历的不幸。因为天真，他们总是会流露出真情实感。

墨子曾经说过万事莫贵于义，莎士比亚也曾经说过，上天生下我们，是要把我们当作火炬，不是照亮自己，而是普照世界。

正所谓：行有道，爱无界。

2009 年，在 400 多万网民参与的“中国缘 · 十大国际友人”网络评选中，有个外国人被评为 100 年来对中国帮助最大、最受中国人民爱戴的国际友人之首，他还被评为 100 位为新中国成立做出突出贡献的英雄模范之一。大家都能猜出他是谁了吧？他就是国际主义战士白求恩，加拿大共产党党员，一位享有国际声誉的胸外科医师。他毕业于多伦多大学医学院，曾任蒙特利尔皇家维多利亚医院胸外科医师和圣心医院胸外科主任。1936 年他曾随加拿大志愿者到前线，为反法西斯的西班牙人民服务。

1938 年年初，受加拿大共产党和美国共产党派遣，白求恩率领一支由加拿大人和美国人组成的医疗队来到中国，援助中国人民的抗日战争。他对工作极端负责任，有高超的医术、高尚的医德，对同志对人民都极为热忱，为中国的抗日军民提供服务，并培养了大批医务干部，为中国人民的解放事业做出了卓越的贡献。后因抢救伤员感染中毒，于 1939 年 11 月 12 日在河北省唐县逝世，终年 49 岁。

老子说："大音希声，大象无形。"最美的声音即无声，最美的形象无形迹。就如大爱存在于白求恩的内心，不需要说出来。大爱无界，大爱无涯，大爱无量，大爱无痕。

2003 年，当地时间 5 月 21 日，阿尔及利亚北部地区发生了里氏 6.2 级地震，造成了 2200 多人死亡，10000 多人受伤。中国国际救援队迅速赶往灾区现场，展开紧张的救援工作。

2008 年 5 月 12 日，我国四川汶川特大地震后，5 月 16 日一天内，4 支外国救援队相继抵达成都，并在第一时间赶赴灾区开展救援行动，他们是俄罗斯、韩国、新加坡、日本救援队，共计 237 人。患难见真情，尽力即大爱。

风吹雨打的岁月，日晒雨淋的流年，帮助他人的志愿，满是爱心的画卷，那是一份深沉的无疆之爱……

大爱，是我们自始至终的主题。这个社会不仅有郭美美，更有深圳丛飞；这个社会不仅有吸金医生，更有坚守在大山里默默奉献的赤脚医生；这个社会不仅有落水被救后漠然离去的薄情人，更有在地震中举牌对挽救他们生命的人说一声"谢谢"的微笑面孔……社会上有冷也有暖，需要我们用双手增添一点阳光。青岛"微尘"发展壮大，就是依靠一点一滴细微得像尘埃一样的力量，将爱与希望撒播开来；大山里的支教老师，硬是用自己单薄的肩膀，撑起孩子们新的希望。人间需要温暖，18 岁的我们，请伸出双手，让爱像阳光一样播撒在你我心中！

你的爱，会让世界春暖花开！

让我们共同努力，加油！

【点评】

世界上总有某些角落充满着战乱，有战乱的地方就会有爱存在。文章旁征博引、博古通今，既提到在战争时期帮助中国的白求恩医生，也提到了我国古代老子说过的话"大音稀声，大象无形"。文章最后一部分列举了许多关于爱的故事，发人深省，令人感动。整篇文章过渡自然、结构严谨。

小议北欧福利制

张义伟

有一次美国总统大选时，民主党候选人桑德斯承诺要向丹麦学习，让美国变成一个像丹麦那样的国家。当时有许多人质疑承诺的可行性，就连主持人也疑惑地问：“你行吗？”美国民众怀疑桑德斯的能力，很大程度上是因为丹麦独特的福利制度。

丹麦，不仅是有我们熟悉的安徒生还有小美人鱼，真正让人向往的是它特别好的福利制度。在丹麦生活，大家一切平等，上学、医疗、住房之类，都由国家管理。这有点像国内有个栏目讲的70年代的中国：每人一辆破自行车，每人一个小本，买点粮食吃，什么都平均。但是我认为两者有一个很大的不同，那个时候我们国家是因为粮食缺乏，东西就只有那么一点，只能平均分配。而丹麦可以说思想已经达到一定境界，比如他们骑自行车是因为环保。百度百科上说，丹麦优越的福利政策建立在高税收基础之上，几乎所有的社会福利都来自直接或间接的税收。根据收入高低，纳税数额有所不同，企业税相当高。据丹麦统计局公布的数据，国家税收约72%用以支持各项福利建设，包括政府养老金、老弱公民补助、失业救济、教育科研及医疗保健等。纳税公民可享受各种福利待遇。

我不是想比较中国和丹麦目前存在多大差距，我国还有多长的路要走。我想浅谈一下这种福利隐藏在背后的弊端，拙见仅供参考。

英国BBC有一部著名的记录节目叫《人生七年》，记者跟踪七个孩子记录他们七年的人生。这些孩子的成长背景、出身有很大差距。节目的结尾也在大多数人的意料之中——长大后，富人家的孩子绝大部分还是富人，穷人家的孩子绝大部分也还是穷人。难道穷人出身的孩子没有上进心吗？其实不然。一项研究统计，在英国，一个很普通的工薪家庭也可以买一套不错的房子，开一辆还算可以的二手车，周六周日也能带着全家人去附近的公园兜圈放风。所以在很大一部分人看来，改变自己的阶级，不是必要的事情。在西欧、北欧一些国家，已经出现了阶级固化的现象。因此，把这种福利制度说成统治阶级对广大被统治人民的一种糖衣炮弹，一点也不为过。

反观我们的现状，可以说，中国高考竞争是非常激烈的。我们的父母都望子成龙、望女成凤。我们不是全民信佛、信教的国家，我们只相信知识改变命运。我们每一个人，都在为改变自己所处的阶层、过上更好的生活而不断努力奋斗。也许，正是因为福利制度没有放纵出我们的懒惰，反而激起了我们的斗志。习大大说过，幸福是奋斗出来的。奋斗的人生才是幸福的人生。我们每天朝五晚九与试卷为友，不断地刷题，用卷子铺路，为的就是在高考中金榜题名，拼出一个未来。

美国梦自 1776 年以来，就让世世代代的美国人都深信不疑，只要经过努力不懈的奋斗便能获得更好的生活。我们也有自己的“中国梦”，与美国不同的是，我们坚信必须通过自己的勤奋、勇气、创意和决心迈向繁荣，而非依赖于特定的社会阶级和他人的援助。我们年青一代，要把自己的命运和人生奉献给国家，更要把我们自己的命运、自己的人生牢牢掌握在自己手中。

世上绝对没有免费的午餐，想要得到什么，就必须要有所付出，有所失去。

【点评】

文章紧紧围绕北欧的福利制度展开议论，列举其中发达和完善的代表丹麦，通过收取税收来保障政府养老金、公民补助等，因而公民的福利待遇十分优厚。分析丹麦的优越福利政策是建立在高税收的基础之上，但是中国还有很长的路要走；指出中国的未来掌握在我们的手中，年轻一代要把自己的命运和人生奉献给国家，从而得出结论：世界上没有免费的午餐，想要得到什么，就要有所付出。题旨清晰，有理有据。

浅论新时代下的青年使命

刘宸旭

2017 年 10 月，秋高气爽，全国各地代表欢聚于北京人民大会堂，参加中国共产党第十九次全国代表大会。在这次盛会上，习近平总书记庄严宣布：中国特色社会主义进入了新时代。

这是一个具有里程碑意义的论断。在全面建成小康社会的前夜，我国领导人以高屋建瓴的气魄，做出了历史性的战略判断。这不仅是一个战略判断，更意味着我国要从经济、社会、政治、文化、生态五大方面更加有所作为，协同发力，相互配合，共同打赢全面建成小康社会的伟大战役。

作为新时代的青年，有幸目睹中华民族的伟大复兴，就不应该做一名看客，更不能成为一名过客，而是要成为参与者、建设者、接班人，努力完成中国巨龙腾飞这一千年伟业。

自古以来，我国就有“修身、齐家、治国、平天下”“天下为公”这样一种儒家“入世”思想和强烈的社会责任感，且至今仍影响着国人。那么，在中国特色社会主义进入新时代的这个时期，我们青年应如何做呢?

从现实来看，我们这一代大部分青年仍处于求学阶段，我们首先要做到珍惜韶华、勤奋学习，其次在学习的同时要关注社会、心系家国，为国家发展做出力所能及的贡献。

长远来看，我们这一代青年最终要步入社会，成为社会中的一员。到那时，更应担负起苍生幸福安康之重任，用所学知识造福社会。无论身处哪一行哪一业，只要能为社会奉献、能够实现自我价值就必然会得到社会的认可。

时代赋予了我们使命，国家给予了我们重任，我们就应该脚踏实地、勤学苦练、努力奋斗，为新时代发展做出贡献，把中国建设得更加美好!

【点评】

本篇文章从中国共产党第 19 次全国代表大会开始入题，站在一个新时代青年的角度，合理地分析了在中国特色社会主义进入新时代的这个时期中国青年的做法：从现实来看，要心系国家；从长远来看，要担负起苍生幸福安康的重任，用学识造福社会。

感恩家国，承苍生之重任

王博

梁启超先生曾言，少年智则国智，少年富则国富，少年强则国强……少年雄于地球，则国雄于地球。作为新时代的青年，我们风华正茂，应当不负韶华，感念家国之恩德，承苍生之重任，唯此，方不负青年之大好时光。

古人讲百善孝为先。我们从呱呱坠地到长大成人，父母始终相伴左右，不离不弃。还记得春日的清晨，我骑在父亲的肩头，和母亲做着鬼脸玩笑嬉戏；还记得夏日的夜晚，酷热难耐，母亲在一旁默默地为我摇扇，自己却汗流浃背；还记得秋日的黄昏，我和父母在林中散步，美好的夕阳余晖投射到身上，父母的背影让我蓦然发现，我已健壮，而父母已衰老；还记得冬日的正午，我和几个发小去河面上溜冰，父母满怀关切地叮嘱“要小心”……汹涌的时光之河冲刷着人世间的一切，带走了我的儿时，亦带走了父母那青春的容颜。时光流转，生老病死是自然规律，我们无法改变。悟以往之不谏，知来者之可追。及时行孝，感恩父母，方能不留遗憾。

国是千万家，无国则无家。我们在成长，我们的国家也在成长。君不见中国高铁驰骋世界，吹响向制造大国进军的号角；君不见中国方案赢得世界阵阵喝彩，展现世界大国的应有风范；君不见中国科技跻身世界前列，向全球昭示着中国智慧……改革开放 40 年来，我国社会主义现代化建设取得举世瞩目的成就，却依然面临着挑战：世界政治格局变幻莫测，贸易保护主义再次抬头，世界性的贫富差距进一步拉大，生态环境问题进一步恶化，我国改革开放进入攻坚阶段……作为一名青年，我们无偿地享受着党和国家带给我们红利的同时，也要深刻意识到身上的重任：将中国打造成世界第一强国，将我们民族的命运牢牢地抓在自己手中。国家给予我们的太多太多，我们无以为报，只能将自身奋斗的汗水，流淌入为国家、社会奉献的事业中去。

花开花落是自然界不变的规律，而我们的青春就像是一朵璀璨的花，不同的是，这朵花用奋斗奉献的汗水浇灌，它便会花开不败。这样的青春，同样会让我们终生难忘。

倘若每一个青年都可以承苍生之重任，试看将来的世界，必是我中国人的世界；试看将来的环球，我中国人必独占鳌头！

【点评】

“天下之本在国，国之本在家，家之本在身。”文章表达了我们的责任感源于那个叫“家”的人生开始的地方，升华于那个叫“国”的实现价值的地方。作者以小见大，从小家引出大国，从行孝引出担当，正体现出他内心中明确的精神归属。家国的转变略生硬，可以再润色。

相信品牌的力量

魏浩鹏

2010 年，CCTV 播出了一组广告，赢得了国内网友的一致好评，同时也被称为史上“最有国际范的广告”。这组广告有一个共同的名字——“相信品牌的力量”。

这组广告共由 6 个部分组成，其中令人印象最深刻的便是“椅子篇”：从故宫博物院到黄土高原，从上海陆家嘴到苏州园林，从纽约时代广场到伦敦泰晤士河，那一把把椅子象征着一个个观众，一个个期待着中国在国际舞台上精彩表演的观众。在以和平和发展为主题的今天，中国不断提高的国际影响力吸引了世界的目光，在世界的每一个角落都有“观众”在注视着我们。正如影片最后所说：2010，看我，看中国！

一个国家究竟能不能在世界舞台上跳出令世界震撼的舞蹈，在很大程度上取决于是否有令人瞩目的品牌。现如今，相信品牌的力量已经成为人们的共识，而我也将以成功品牌——“华为”为例，来阐释品牌蕴藏的巨大力量。

华为作为中国最成功的电子品牌之一，拥有巨大的国内和国际市场，无论是在亚非、在欧洲，还是在彭妈妈手中，都能发现其品牌的身影。在创新驱动深入发展的今天，一个企业是否具有强大的创新能力，是其能否长久发展的决定性因素。因为落后于时代潮流而被时代抛弃的企业比比皆是，诺基亚、摩托罗拉都是因为没有持久的创新能力而被碾轧在历史的车轮下。科技突飞猛进，以至于盖茨时刻提醒自己，微软离倒闭只有短短几个月的时间。华为作为时代的弄潮儿，在科技创新上做出了巨大的成就。虽然 4G 网络已经快到让人无法置信，但是华为并不满足，如今更是已经打破了欧美国家对网络技术的垄断，在 5G 的道路上引领新时代。今后当我们使用更加快速的网络时，我们可以更加自信自豪，因为，这是我们国人自己的技术。

对于优秀品牌来说，精彩的宣传方式必不可少。一曲动人的《*Dream It Possible*》成为华为走出国门走向世界的敲门砖。在埃及，在巴基斯坦，一个电视广告打动了无数人的心弦，成为无数外国友人选择华为的理由：一个小女孩在爷爷的鼓励下努力学习钢琴技巧，为了取得更大成绩，她离开家乡去外地求学，却屡次遭遇失败。倔强的女孩不服输，每天对着镜子努力练习，最终在专业舞台上演奏出精彩的乐章。与此同时，爷爷却在家乡的病床上永远地闭上了眼睛。这个广告，华为用了一种接近微电影的演绎方式呈现给观众，整个过程中，华为的产品和LOGO仅仅出现过两次，却给人留下了更加深刻的印象。这种委婉而深刻的方式，是每一个其他国内品牌都应当学习的。

一个品牌的产品，其使用价值永远是最重要的，也是决定其是否具有市场适应性的因素。近100年前，为了促进民族资本主义的发展，救亡图存，中华大地上掀起了一场轰轰烈烈的国货运动。人们受爱国思想影响，不去使用廉价的日货，偏偏选择难用且昂贵的国货。这种行为虽然发扬了爱国主义精神，但恰恰也是一种不自信的表现。与100年前不同，我们今天提倡国货完全是因为一种对产品品质的自信。从网友的评价中不难看出，每一个在异国他乡的游子看到自己家乡的产品备受别国青睐都会产生一种民族自信心和自豪感，而这，也是推动中国品牌走向世界的力量之源。

从古至今，一曲悠扬的《茉莉花》从长安唱到罗马、从北京唱到巴黎，传递了中国要走向世界舞台和让世界更多了解中国的愿望。今天，于此时代，于此故土，让我们用品牌把中国推向世界，让世界相信中国的品牌，相信品牌的力量！

【点评】

我们了解一个人，首先看外表，其次看内在，而内在在之后的与人交往中发挥着决定性的作用。同理，如果把产品看作人，那它的质量就是外表，它的品牌就是内在。作者从“陈旧”的素材中挖掘出新的、适应时代发展潮流的东西，可以说非常有见地。但是，品牌的力量和品牌如何发展之间的过渡并不是很到位，给人一种突兀的感觉。

暴风过后

田玥

每次看到媒体上出现的一些负面图片和新闻，总会感到一阵扎心的疼痛。在这里，我想跟你们说说这个世界，去看看在这个星球上的其他地方那些人的生活。

生而为人，我很抱歉

韩国组合 SHINee 主唱金钟铉因抑郁症在家中烧炭自杀。又一颗星星的陨落，让我想起张国荣、乔任梁和本兮。快乐的人没法理解抑郁症患者眼中的世界有多么绝望。

在他们的世界里，“因为怯懦，所以逃避生命，以不抵抗在最黑暗中生出的沉沦的骄傲，因为骄傲，所以不选择生，所以拒斥粗鄙的乐观主义。”他们在这个怪圈里循环，就像走在黑暗的迷宫里，看不到唯一的出口。

在粉丝眼中，金钟铉、乔任梁都是爱笑、阳光的大男孩，却选择在美好的年华结束自己的生命。他们用别人眼中的阳光努力填塞自己的胸口，不断努力摆渡，但到头来，一切都是徒劳。直到有一天，他们累了，选择放弃挣扎，以他人眼中胆小鬼的方式，与世界告别。寒到骨髓的绝望，淡忘一切的悲凉。

“我不是放弃，我只是努力了，然后失败而已。我是别人眼里的懦夫，但是，确是自己永远的骑士。我曾奋力保护，直到精疲力竭。”

“生而为人，我很抱歉。”

人在各种压力下总是会显得那么脆弱，如果你是活在阳光下的幸运儿，那请别吝啬也洒点阳光到需要的人心里，请关心身边人！

风暴结束，你们还好吗

社会的黑暗面随着网络媒体的发展越来越多地暴露在我们面前。电影《熔炉》

《素媛》被大众评论为“看了一遍便再不忍心看第二遍”的作品，令人不敢置信的是，那些看似遥不可及的剧情却在现实中不断上演。

“后来，那些坏人也没有得到应有的惩罚，那些好人的哭声也渐次消失了，那些受了伤的孩子，也不知道以后会不会好起来……雷鸣响彻天空，狂风暴雨看似要来了，结果轰隆隆之后，大地又陷入无声，寂静，绝望。不多久之后，人们又开始展望未来，相互鼓励着，一切都会好起来。”

事实上，绝望并未因人们对未来的展望而结束。比绝望更绝望的是，让人心痛的恶劣案件只是有监控的大城市里所暴露出的冰山一角。冰山之下，那些在偏远山区，甚至是现代科技所不能及的封闭环境如孤儿院、全封闭学校里，孩子们会遭遇什么，不敢想。

一味否定社会做出的努力或许太过悲观绝对，但那些否定的声音也值得我们深思。虐童、性侵案件并非是社会新出现的现象，可是为何屡禁不止？国内外爆出的侵犯幼儿的案件不在少数，但在社会骚动、人人喊打之后，一切又归于平静。抛开道德与法律，我只想从人性的角度来思考：那些比我们还小很多的天真孩童，后来怎样了？他们心中的伤口是否渐渐痊愈？他们的生活是否风平浪静、再无波澜？当舆论的风暴过后，那场改变世界的雷雨是否会到来？我不知道，似乎也没有人再去关注报道。

孩子们受过的伤害不能仅仅用满腔的愤怒和眼泪结束，要凝视真实直到最后，用最实际的努力去拯救希望。

我的心愿是世界和平

薛之谦常挂在嘴边的一句话是：“我的心愿是世界和平。”我曾一度觉得，世界和平，如此宽泛的话题，不过是说出来好听的愿望。直到今夏，坐在电影院里，我才懂得世界和平的意义。

高居票房榜首的《战狼 2》火了，很多人赞扬这部影片的爱国情怀，自豪于中国的强大，给我留下最深印象的，却是片头红巾军对无辜人民的屠杀，是夜晚中国人乘大巴撤退时透过车窗看到的外面的火光和处于水深火热中的人民。那时我第一次认识到，世界和平究竟有多么重要，有一个安定强大的国家是多么幸福。一部电影反映出来一个世界，一个与我们现在生活截然不同的世界。在我和大家分享我的文章和观点的时候，在这个星球上的某处，可能有很多人正被迫忍受着无边的恐惧和绝望在苟活，他们甚至很难知道自己是否还能看到明天的太阳。

1986 年，苏联出兵阿富汗期间，在战场上发生了许许多多的事，其中一个故事广为流传：从未经过训练的大学生奇洛被送上战场，最终为救一个阿富汗小男孩中弹身亡。罪恶的战争毁掉了无数的孩子和他们身后的家庭，不论是炮火中受惊的人们，还是正制造炮火的士兵，他们都是和我们一样普通的人，想要的不过是日常安稳的生活，一份稳定的工作，下班后和家人一起吃饭散步的温馨。

在悲剧面前，一切语言都是苍白的，我内心的声音只有一个："世界和平！"

……

心疼饱受抑郁折磨的生命。

心疼在童年就留下难以抹去的伤痕的孩子。

心疼因战乱破碎的家庭。

在暴风之后，世界应该变得更好，每一个生命都拥有幸福生活的权利，每一个人都能够成为照亮世界的太阳。

愿每个人都能被这个世界温柔以待。

……………………………………………………………………………

【点评】

作者大致从热爱生命、拯救希望、追求幸福三个角度告诉我们：暴风雨过后的平静，是让人们反求诸己的留白。我们不仅限于要坐等暴风雨过去，更要学会在雨中起舞。

善良是一种信念

张璐屹

在看过一篇文章《最残酷的背叛》后，我连续做了两个晚上的噩梦。

第一晚，我梦见自己回到了小时候，梦里清楚地看着小时候的自己成了虐童案的主角，痛苦、挣扎却无力逃脱。

第二晚，我梦见自己目睹了人性沦丧的恶魔将魔爪伸向活泼可爱的小女孩，我无法出声，想去报警，却找不到一个人。

我想到了很多，想到了几年前的佛山两岁姑娘小悦悦，想到了近年来频频曝光的性侵幼童案，想到了长春的盗车杀婴案，想到了当街重摔女童事件……这一个个社会事件，仿佛一张巨大的网，紧紧地包裹我，给我一种窒息的无力感。我讽刺地想："是不是应该庆幸，自己得以健康地长大？"

小艾兰安静地伏在沙滩上，欧盟各国还在为是否接纳难民而争论不休。战火纷飞的中东，流离失所、满身伤痕的孩子那肮脏的小脸上满是恐惧和泪水，而大国背后的利益噬洞似乎永远也填不满。骨瘦如柴的非洲孩子那双黑白分明的大眼睛似乎在审问着什么……

加缪说："我想我到死都不会爱上这个让儿童遭罪的世界。"发生在孩子身上的罪恶，是成人世界最难直面、最不堪忍受之痛，那是人心最深处的灾难，是精神的矿难。

我曾经看过两部改编自真实案件的韩国电影《素媛》和《熔炉》。同样是关于儿童遭性侵的现实题材电影，同样深刻地反映了人性最肮脏、最丑恶的一面，但与《熔炉》更加直观地将残忍的现实血淋淋展示在观众面前相比，我更喜欢《素媛》的表现方式：更加平实、细腻，用更加温情的镜头反映人性善良的一面，充满救赎与反思。

《素媛》中最扎心的剧情不是法庭迟迟不宣判，不是罪犯故意推脱罪责最后仅仅被判了 12 年，而是素媛的一句话：“我做错了什么吗？”当媒体急于曝光受害者，迫切抢占头条而紧追着承受了身体、心理双重伤害的年仅 8 岁的素媛时，妈妈泪流满面力图挡住摄像机，爸爸抱着女儿仓皇上楼，小小的素媛流着泪问了这样一句话。这是孩子的困惑，又何尝不是对这个社会的反问。亲爱的孩子，你当然没有错，就如同善良没有错，天真没有错，美好没有错，错的是大人们——大人没有陪伴好你，没有保护好你，让你承受了你本不应该承受的罪恶。

最令我印象深刻的是素媛的不解：“那个大叔让我给他撑伞，我也想过直接走，但我觉得该给淋雨的大叔撑伞，所以就给他撑了。但人们都说是我的错。”如果这个世界的罪恶要让孩子们来承担，那么，人类还能走多远？

太宰治先生曾在《人间失格》中写道：“生而为人，我很抱歉。”我一直在思考，应该如何解读这句话，他为何要感到抱歉？太宰治先生写下这句话时的心理我们后人可能无法给出准确的解答。但是，我想，生而为人，与人性沦丧、没有底线地犯下不可饶恕罪恶的人同为一种生物，同样被称为人，本身就是一件值得抱歉的事。

伤痛永远存在，但，尚有温暖与善良相伴。

至少还有厂长这样的人。在吃鸡的小事情上斤斤计较，在朋友摊上大事的时候却愿意拿出私房钱借给他，不考虑什么时候归还、能否归还的问题。小事情拌嘴，大事决不含糊，这是真正的血肉朋友。

还有厂长夫人。平时爱占小便宜，口头上爱逞强，从不服气谁，偶尔还喜欢恶搞一下别人。但看到新闻报道之后泪流满面，满心为素媛发愁：万一被别人知道了可怎么办？

卖道具的商人同样如此。虽然是商人，却并非六亲不认。盈利之余也会发善心，会把旧的道具借给爸爸用。

小胖贴在门上的笔记是孩子之间表达友善的方式。号哭的小胖荣植满心歉疚，认为那天如果和素媛一起走就不会发生这种事情了。其实哪有那么多如果，只是，很多成年人不及小胖之处在于，他们从来也不会歉疚地认为自己如果怎样会怎样。

还有爸爸妈妈深沉的爱。一家人亲情的温暖贯穿影片始终，这也是帮助素媛走出心理阴影的重要原因。

我始终相信善良与美好的存在，以一颗最诚挚的心。

在《熔炉》的最后，女主人公说了一句话："我们一路奋战，不是为了改变世界，而是为了不让世界改变我们。"

看过《素媛》，我想说："善良是一种信仰，不是看见了才会相信，而是相信了就会看见。"

【点评】

一颗善良的心终将感化他人，"素媛"很多，"大叔"很少，请做一个善良的人，善待自己，也善待他人。相对于细致的"伤痛"描写来说，作者对"尚有温暖与善良相伴"的论述很简略，可充实。

情怀

以家国情怀养正人格品行

爱我所爱

——致我挚爱的林徽因

赵亚美

人们常说“大人者，不失其赤子之心者也”，对于这句话的诠释，我想最恰当的，就是今天我与大家分享的这个人物。于我而言，她更像是一个信仰，或者大可以把她当成是我的“生命范本”，这个人就是林徽因。

对于这样一位旷世才女，我暂且用我最真实的文字走近她，也发现美。

永远的少女心和一双发现美的眼睛

第一次了解我的偶像是在五年级的一本书中——《林徽因集》。以建筑学家闻世的她，作品可谓丰硕。记得读她的第一首诗是《你是人间的四月天》：“黄昏吹着风的软，星子在无意中闪，细雨点洒在花前。”那时对她不了解，只是觉得她的诗很美，那种意境、那种优雅用在作文里会拿高分。后来了解逐渐加深，我才发现已经深深地爱上了这个民国时期有几分传奇色彩的女性。虽然时空交错我从不曾见过她，但通过她的文字，我能走近她，并力量倍增。毋庸置疑，林徽因是有极大的少女情怀的，她热爱美，也极力发展美，即使生活带给她重重磨难，但在我看来，她是一个同命运抗争的英雄。何其有幸，我能走近她。做她的小读者，我感到无上光荣。

永远的家国情怀，永远地爱我所爱

作为动荡时期一位有才华的女性，林徽因有着似李清照般的经历与才气。中国处于战争状态和受人压迫的现状也曾一度令她痛惜，她的家国情怀更多体现在新中国成立后。作为一名热爱中国古典建筑的建筑学家，出于对故宫的保护，她与梁思成共同创立了清华大学建筑学院的前身，在面对破坏掉故宫原有古建筑的论调时，她据理力争，最终为故宫的保留和修复贡献了一己之力，实为大情怀、大风度。

从小观之，对她自己的感情，她也有着清晰的爱情观。从留学时遇见的徐志摩，再到一直患难与共的梁思成，她不将就。与徐志摩的分手，与梁思成的相守，让人看到她在爱情中的真诚、理性与责任。与其说“林是乱世中的美人”倒不如说她是一个真正的英雄，爱我所爱，无怨无悔。

我心目中的林徽因，我想成为什么样的人

正如我一开始所谈到的“生命范本”，她的确就是我的一个信仰。在遇到困难的时候，我会思考她会怎么做，然后同样去要求自己。刚刚进入衡中的时候，我一心想走进林徽因的世界，想进入清华大学建筑学院，想做一个一腔孤勇的猛士。虽然最终选择了文科，与梦想无缘，但我可以成为一个像林徽因一样的人，写一首好诗、一篇好文章，怀揣一身好本领，照亮自己，也点燃身边的人，做一个浑身充满正能量的小太阳，走到哪里，哪里便是炽热与阳光。

每个人的生命里都有一位甚至更多的“贵人”“偶像”，当你彷徨无助的时候，想到他（她）便会重燃斗志和希望，想成为一个更好的人，一个值得被珍惜的人。那就在“贵人”“偶像”的激励下让我们握紧双拳，在一次次调研考试充斥的高中生活中，在历经起起落落、失意与得意后，抬起头，眼神依旧坚定，脚步依然铿锵。

【点评】

作者从美与才华两方面介绍了自己所爱的林徽因，引出了面对“生命范本”自己应何去何从，其间表现出来的“爱我所爱”的主体在作者与林徽因之间游移，如果再具体明确一下就更完美了。

沧桑曾经留围城，人间再无钱锺书

耿思茵

1998年，大作家、大学者钱锺书先生逝世。他瑰丽的一生没有留下任何自传，坊间传闻也是寥寥。大师不染纤尘地走了，千古文章，未尽其才，只是惘然。

纵观钱先生的一生，平淡从容却也十分传奇。他出身书香门第，周岁时抓周，唯独抓了一本书，于是父亲为他取了寄托了钟爱读书之意的字（后钱老家人包括杨绛先生的手稿中，使用“锺”字）。他幼承家学，天资过人，青少年就遍览古经典籍，故而练就了文史方面的童子功，19岁便被清华大学破格录取，当时他的数学仅得15分，英语却是满分。在校期间，他立志要“横扫清华图书馆”，因而成为闻名全校的才子，被誉为“人中之龙”“书痴”。22岁时他认识了挚爱伴侣杨绛，从此成为一生一世一双人的文坛伉俪。如此一生，就像钱老给自己起的字一般——“默存”。

惋惜之余，我特地写此文来缅怀大师。

大师生前寂寂名

有人评价说：“他是伟大的学者、智慧的君王，中国古典文化最杰出的传承者。”这样一位大师级的人物却一生淡泊名利，永远都不张扬，始终保持头脑的清醒和内心的自由。他家中是极简的装修，客厅便是书房，水泥地面折射着专注的温度。

“假如你吃了一个鸡蛋，觉得味道不错，何必要去看看那只下蛋的母鸡呢？”读着这样诙谐而又一针见血的文字，我感受到的是一个学者理性的哲思和隽永的气蕴。著作《围城》名声大噪、扬名海外之时，他谢绝访问，积函不复；外界褒贬铺天盖地、生生不息之时，他等闲视之，置之身外；“文革”时期惨遭批斗，凄风苦雨之时，他潜心研究，不问悲喜。他不借口舌扬名，不浪掷光阴交友，甘于寂寞，不求闻达。正如他自己所言："读书人如叫驴推磨，若累了，抬起头来嘶叫两三声，然后又老老实实低下头去，亦复踏陈迹也。"

大师生平默默行

钱先生的一生，绝不能算是一帆风顺的：出国学习，下放干校，被批斗，奔波东西南北，女儿先于自己去世……如此种种，生活从来不会偏爱于谁，钱老却对生活青睐有加。我真佩服钱老那一颗对生活的赤子之心。据说在"文革"期间，通知他去参加国宴，他说："我不去，哈！我很忙，哈！""这是江青同志点名要你去的！""哈！我不去，我很忙，我不去，哈！""那么，我可不可以说你身体不好，起不来？""不！不！不！我身体很好，你看，身体很好！哈！我很忙，我不去，哈！"结果钱先生真的没有出门。一系列的风雨并没有使他的赤诚之心衰老，反而让他站得更高、看得更透，热爱生活而超然物外。他没有给自己修筑围城，一辈子都活得坦然真挚。

寂静从简，或许是钱先生的心底所愿；宠辱不惊，才恪守了完整的人格；未曾轰轰烈烈，才造就了无限的流芳传颂。浩如烟海的典籍中《围城》尚存，大师的风华也摇曳不息。

【点评】

文章以钱锺书先生的逝世引发了一系列对钱先生的追思："生前寂寂名""生平默默行"的总结十分到位，关于"默默行"的论述应更切题。

一朝春尽红颜老，花落人亡两不知

田悦辰

余以为，书尤一树，有枝有干有脉络也。凡诵《红楼梦》者，或惊羡宝钗妩媚、黛玉风流，或哀婉木石之无果、贾府之兴衰。此皆书中主干，浓墨重彩者也。然其间枝叶脉络者，亦为曹老精雕细琢，自有一番风味。仅抒己怀，与诸君共享。

龄官与其他姐妹来到贾府，是在夏天。伏旱季节里，知了叫得格外响，而龄官心中也不免有些忐忑——她早就听说过这显贵的贾府，如今进入红栏高墙，不知几时才能出来，也不知再出来后是什么境地。

“你听说了吗，咱们要给元妃娘娘接风呢！”旁边的藕官兴奋地说，引来姐妹们的阵阵惊叹。龄官只是说，终究是唱戏的，又何必管给谁唱呢！

接待他们的是贾蔷，贾府世孙，负责管理这批入府的戏子。贾蔷远远地迎上来，和善地说道：“就等姑娘们了。这里是梨香院，你们今后起居、练习的地方。有什么不知道的，尽管问我。”龄官心想，这倒是个和善的人。

大观园，是公子小姐的后花园，是人间花月地、温柔富贵乡。但它对于戏子来说，只是个华丽的金丝笼。戏子们苦练，只为在元妃娘娘面前好好表现。其中，唱得最好的是龄官，最下功夫的也是龄官。元妃省亲的夜宴上，戏子们袅袅婷婷，演尽人间戏里的悲欢离合。场下王熙凤只盯着龄官看，自顾自地说：“她倒是像一个人。”宝钗、宝玉心知肚明——龄官像的是林黛玉——但谁也不肯说出来。元妃说这龄官唱得最好，要她再唱一曲。贾蔷赶忙跑去通知龄官，龄官坚持自己唱的是《相约》《相骂》两出，不肯去唱自己没准备的戏。贾蔷拗她不过，只好作罢。

这天宝玉正向怡红院走着，忽觉蔷薇花架内有个人影在动。他拨过花丛向里探头，只见一女子拿簪子在地上描画着什么。宝玉心想，这定是在学颦儿葬花了。只不过，这园子里还有第二个多愁善感的林黛玉吗？他不禁好奇地继续探望，原来那人是在刻字。淅淅沥沥的小雨下起，雨打落蔷薇花瓣，落在女子的衣襟上。风吹衣衫飘飘舞，然而她并无要走之意，刻画的速度反而越发快了。宝玉心里有些着急："雨这么大，还不走吗？"仿佛在梦境中惊醒一般，女子慌忙抬头。宝玉掩映在花丛里，像个姑娘。龄官只当是个管事姐姐，匆忙跑开。花下，只剩一地"蔷"字。

作为一个在贾府有特殊地位的公子哥，宝玉每天不过是和姐妹们嬉笑玩闹，偶尔为应对父亲而突击功课。他听说龄官唱戏唱得最好，便来到梨香院，想邀龄官唱一曲《袅晴丝》。宝玉走进屋门，只见一女子懒懒地躺在榻上，病态状，再仔细一瞅，发现她居然是那日花下画蔷女子，龄官。他素来和姐妹玩惯了，便随便坐在龄官躺着的榻上，请她唱曲。谁知龄官赶忙坐起说："嗓子哑了，前几日元妃娘娘叫我唱，我还没唱呢。"宝玉从没受过这样的冷落，心里失落。宝官笑着对他说："要是蔷二爷叫她唱，她是必唱的。"宝玉正要走时，贾蔷手提一个鸟笼进来，关切地对龄官说："嗓子可好些了？"龄官负气说："怎么会好！我又不像你一样轻闲，出去便不见踪影。"贾蔷着急地说："看你无聊，买了个雀儿给你玩。"龄官又说："你们家把好好的人招来取乐，现在又拿只雀来笑我！"贾蔷又着急地说："好好，把它放走就是了。"说着便去解鸟笼。龄官见了，急忙制止："停下，白花的银子，就放着吧。"贾蔷赶忙欢喜地把鸟笼放好。宝玉在旁看着，不觉痴了，只向外走去。

海棠花开，水怪惊扰，贾府凋敝，承载着多少人的悲欢离合。戏班子解散，戏子们各奔东西。龄官苦笑，自己最后就是这个境地？她再次来到蔷薇花架旁，徘徊数次，最终离去。花下，一个"蔷"字承载着女子割舍不去的记忆。

也许，对她来说，与其做一只等候的金丝笼中鸟，倒不如走出红栏高墙做个自在的浪荡戏子。

……………………………………………………………………

【点评】

作者主要和我们分享了龄官其人，使一个孤高自傲、目下无尘、向往自由、有小性子的鲜活女子跃然纸上，而且作者选段典型、描写细腻，很有文采。文章对"春尽红颜老"的描述一笔带过，显得很仓促，应再多一些点题的描述或是议论。

我心中的偶像——科比·布莱恩特

董千祎

“英雄还是恶棍，两者都有吧。”科比这么评价自己，“人是复杂的动物，不会只有一面，总是一个混合体。”对科比而言，这句话也是他 20 年湖人生涯的最好注解。他的一面是英雄：拿了 5 个总冠军，17 次入选全明星赛，是 NBA 史上第三号得分手；另一面又是“恶棍”：被湖人球迷尊敬，但被其他 29 队的球迷痛恨。

在 NBA，“铁匠”是个“铁一为罪，铁万为神”的职业，要想成为打铁过万的铁神，需要时间、能力、态度等多种要素融合。科比之所以能成为铁神，源于一种坚持，源于一种信任，源于一种艺术。

坚持：科比花了十几年才修成铁神，这种十几年如一日的坚持背后，是科比对篮球刻骨铭心的爱。也正是这种坚持，造就了科比的不平凡。

信任：因为队友对科比无条件的信任和支持，使得投篮机会都集中到了科比身上，也因此成就了科比“打铁王”的称号。这个荣誉有一半属于科比，还有一半属于队友。正是因为相互信任，这支队伍才能在赛场上所向披靡、战无不胜。

艺术：岁月的积淀使科比的打铁技艺越发纯熟。他所做的已经不单单是一个动作，而成为一门艺术，而观看也成了一种欣赏艺术的享受。

因为对他的热爱，我认识了这样一个科比：不甘失败、意气风发、追求卓越。在科比身上，你或许能找出好多这个时代赋予他的标签：伟大、优秀、勤奋。但在我眼中，最能诠释科比的，只有一个词：完美！

科比的一生都饱受非议，然而，当他挣扎在季后赛边缘，淹没于人们的口水中时，我看到了科比的另一面：他不低头，永远不低头。成功不是一蹴而就的，但不屈的精神、全身心的努力仍然是这世间通往成功的唯一正确道路。

最后，送给大家几句话，共勉。

1. 心有多大，舞台就有多大

科比看似妄自尊大、不自量力，但正是因为这种“心比天高”，正是因为他给自己定了遥不可及的目标，他的篮球舞台才会熠熠生辉。

2. 永不低头，实现梦想

科比永不低头，迎难而上，一直默默努力，这种精神让人肃然起敬。他的精神就如耳边响起的战场上低沉悠长的号角，如英雄高举着手中的剑，推动着他一直向前，最终到达梦想的彼岸。

3. 将压力转化为动力

科比表面上风光无限，实际永远生活在阴影下，背负着人们的质疑：初入联盟被质疑，拿了总冠军不被肯定，场均 30 分被认为自私……但科比把这些压力转化为动力，全身心地努力，最终成为时代的标杆。

让我们一起，为了遇见更好的自己而努力！

【点评】

作者主要从坚持、信任、艺术三方面论述了自己的偶像科比能成为“铁神”的原因，结构很清晰。如果将“从偶像的成功之路中总结出了自己应如何作为”这个结论不放在文末，而把结论内容融合到科比成功的原因中，会更自然、流畅。

以梦为马，不负韶华

杨广宇

第一次见到这句话，是在国足战十二强赛的海报上。随着十二强赛的结束，我心里也有许多感触。国足的梦，也是中国球迷的梦——进军世界杯。

追梦

岁月你别催，该来的我不推。37 岁的郑智渐渐褪下了国家队的戎装，停下了追梦的脚步。虽然他从未带领中国闯入世界杯，四届世界杯预选赛带给他的也只有遗憾和无奈，但这并不能阻挡他成为国足历史上最伟大的队长、成为球队的精神领袖，也不能磨灭他对国家队的热爱，对梦的追求。虽然 37 岁的他没有了初入国家队时青涩的面庞，而是增添了一份沧桑，但不变的是他对国家队赤诚的心，用不竭余力的奔跑追逐着梦想、守护着希望。

他为国家队付出一切，只为那一个梦。

助梦

里皮的到来令国人欢呼呐喊。作为一个世界级冠军教头，执教中国队只可能为自己的执教生涯增添黑点。但无论如何，他还是义无反顾地承担了这份责任。他的到来如同一针强心剂，为国足带来了活力，助推国足实现梦想。

他带给了国足久违的自信和霸气，“国足有能力击败亚洲任何球队”是他给国足的信念。他给了国足久违的热情和拼搏，让他们相信只要敢拼，就一定能实现梦想。他没有令人热血沸腾的激励，却能唤起每个球员内心的火焰；他没有令人充满激情的指挥，却能让所有球员在球场上为梦想拼尽全力。他如同一位充满智慧的老者，总是淡定从容地坐在场边，为国足带来希望。

不怨匆匆那年，只恨相见太晚。愿里皮能在国足多待一会，共同铸造梦的辉煌。

铸梦

卡塔尔的夜晚，天空注定属于红色。国足客场战胜了卡塔尔，输了世界杯。回首十二强赛，坎坷频生。前四场一平三负，主教练黯然下课，国足也遭到了球迷的质疑和谩骂，但他们并没有因此沉沦，停滞不前。随着里皮的到来，国足重整旗鼓，从头再来。

1∶0 战胜韩国，打破恐韩症，扬我国威；绝杀乌兹别克斯坦，为出线保留希望；客场逆转卡塔尔，为十二强赛画上圆满句号。

奇迹未能出现，又一个四年如同泡沫幻灭，带给人无限遗憾和失落。但国足用拼搏赢得了球迷的谅解和支持，他们用永不放弃告诉球迷：下一个四年，让我们共同铸梦。

你不用太好，我喜欢就好。也许国足还是进不了世界杯，但我依然会守在电视机前，为国足摇旗呐喊，追逐着永恒的梦。

以梦为马，不负韶华。只要心中有梦，再黑暗的未来也会被红色照亮。

……………………………………………………………………………………

【点评】

开篇点题，目标十分明确，以梦为马，从追梦、助梦、铸梦三个方面分别以郑智、里皮的努力出发来论述，只要我们心中有梦，我们的世界就是明亮的。作者针对里皮的“不负韶华”的论述不太明显，应予以充实，使整体内容更完整。

芬兰——我的独家记忆

郑笑然

偶然间，我又翻到了那张照片。

小小的女孩儿坐在童话中的圣诞老人旁边，厚厚的白胡子触手可及。圣诞老人办公室的齿轮缓缓转动，仿佛从空中飘来的圣诞歌萦绕在耳畔，他的坐骑——驯鹿嘴里呼呼地冒着热气……踩在脚下嘎吱嘎吱作响的雪和圣诞老人的尖顶房子，都成了我的独家记忆。

其实，像我这样懒的人，放假本应瘫在家里，是家住芬兰的大姨让我有机会与远方的童话王国相遇。从 6 岁到 16 岁，我成了芬兰的常客，足迹也差不多踏遍了欧洲的大半块土地。

我曾含着阿尔卑斯棒棒糖登上阿尔卑斯山顶去看茫茫白雪，曾听着圣诞老人的传说跨过北极圈的界线与他相会，曾坐在威尼斯水城的小船上听摇桨船夫的歌声和桥上路人的呢喃，曾喝着布拉格的温泉水享受当地的浪漫。

仍记得那年世界杯决赛时，我们刚好在德国的小镇。小镇里每家每户都飘扬着国旗，狂热的呐喊声不时传来，我虽不太懂，却也被热情感染。德国每进一球，呐喊声便铺天盖地般席卷整个小镇，人们热情欢呼，举杯庆祝，彻夜不眠。

仍记得漫步在挪威皇宫的花园中，宫殿阳台上和蔼的老爷爷向我招手微笑，我也对他报以微笑。后来才知道，那个人就是挪威的国王。

仍记得多瑙河畔响起的圆舞曲、米兰的繁华时尚、德国集中营的庄严肃穆……即使是在芬兰的家中，也能感受到无尽的安宁与快乐。有时坐在家里，听见房顶上“咚咚咚”的声音，那一定是可爱的小松鼠来做客了。它们会爬上餐桌，大摇大摆地拿走桌上摆的食物，甚至会爬到你的肩膀上来讨吃的。路边，会有“驯鹿出没，请注意”的牌子——驯鹿的奔跑速度很快，会发生与汽车相撞的事故。

芬兰浴是必不可少的体验。传统的芬兰浴中，芬兰人即使全身赤裸也并不尴尬。在小木屋中蒸完桑拿浴，三步并作两步赤脚穿越草地，跃入家门口的湖泊中，让冰冷的湖水唤醒身体的每一个细胞，享受那冰火两重天带来的刺激快感；或是坐在露天阳台上，呼吸着没有一点杂质的带着森林气息的空气，看着夕阳抚摸着低矮的篱笆栏，还有教堂的钟声从远处一声一声传来，片刻停留后便又飘向远方。

夏天，是永远明亮的天空与不落的太阳；冬天，是暗暗的夜色与神秘的极光。白雪覆盖了整个国度，在零下 20 多度的严寒中，深深吸一口气，鼻腔都会被冻得黏在一起。极光肆意绽放色彩，仿佛诉说着来自异世界的神秘。

那段时光是安逸的、快乐的，是天使般纯洁而又美好的，在梦中，都是风吹湖面的平静波澜与温暖美好的零星片段。

感谢上天，让我拥有这些独家记忆，这是我最好的幸运。

……………………………………………………………………………………

【点评】

作者把欧洲多国的人文风情做了详细的描述，感受细致而真切，叙述流畅而生动。这记忆留在照片里，时不时翻阅，确是一种幸福。文章后面几个段落稍显凌乱，若以地点的变化为线索，逐段于首句点明，将会使文章的层次感更加鲜明。

表白一座城市——西安

王越

王小波有句话被人反复念叨：“一个人只拥有此生此世是不够的，他还应该拥有诗意的世界。”许多人都记住了这句，却忘了后半句：“对我来说，这个世界在长安城里。”我要和大家分享的，就是我与西安的故事。

西安并不是我的故乡，也不是我常去的地方，但去过那里之后，它便在我的心中生根发芽。正如那句话所说：“未去过西安的人，无法想象它的美；去过西安的人，无法忘却它的美。”

自然之美

南依秦岭，北依渭水——西安，当之无愧“依山傍水”。无论是在自然地理还是人文地理方面，秦岭都发挥着独特的作用。我们的生活中也曾一次又一次出现过“秦岭”这两个字，但当它真真正正地出现在眼前时，我情不自禁地受到震撼：连绵不断，云气缭绕，宛如仙境。下过雨的秦岭，是我见到的最美的秦岭。

历史之美

西安就是一本厚厚的历史书。我敢说，全世界没有任何一个地方可以像西安这座城市一样：历史与现代在这里交融，柔弱与雄奇同时兼有，泾渭的河水湍流不息，横亘的秦岭绵延不断。它们见惯了流年，褪去了妩媚的装束却不失娇嫩清新的容颜，淡去了严肃的色泽而不失庄重典雅的气质。如今的西安，犹如一块在流水中浸润了千年的印玺，被岁月打磨去了锋利的棱角，却从未有失皇家的风范；如今的西安，又像是已然被册封了的武媚娘，母仪天下以至万人之上，却从未被种种名分掩盖住丝毫的容姿。这是怎样一种神奇的特质，历经千年而从未改变；这是一种怎样的传承，使我们至今仍可以一睹它的神奇隽秀。

人文之美

碑，并不是我们这块土地上独有的东西。世界各地都有碑的存在，埃及的罗塞塔石碑、约旦的米沙石碑等，都是世界碑帖中的精品，但是作为文化传承的载体，从古至今、经久不息而未曾消亡的，却只有中国人的碑。

自西安古城的南门入城，左行百余步，道路右侧赫然竖立着一座巨大的石壁，同样巨大的是石壁之上的“孔庙”二字。照壁之后，本应是文庙大殿，却因旧时雷火，孔庙荡然无存，只余下一旁的碑林孤独地遥望着街前的车水马龙。

“碑林”二字起于何时无从知晓，自宋人将唐人碑刻集于此地，这里便成为各种石碑的聚集地，直至一把火将自己烧到新疆去的钦差林则徐在这里留下“碑林”两字的匾额，才最终形成如今的形制。

碑林也让西安人民给我留下了美好的印象。7月的西安不算太热，我和姐姐在碑林漫步，不经意间与一个年轻的工作人员擦肩而过。本打算继续前进的我被那个阿姨叫住：“小姑娘！”我转过身，看到她明媚的笑容。她不慌不忙地指着我的胳膊问我：“你的胳膊是怎么弄脏的？”我有些错愕，但还是不自觉地抬起胳膊，看到胳膊上沾到了墨。我原以为对方莞尔一笑后转身离开，阿姨却真诚地问我要不要去洗手间处理一下，“你不知道洗手间在哪儿吧？阿姨领你去吧！”我被她的热情打动，挥挥手笑着说不用，阿姨还是给我指了方向。都说前世一千次的回眸，才换来今世的一次擦肩而过。我珍惜这份缘分，珍惜这擦肩而过的陌生人的善意。

西安，不仅有书法，更有唐诗。千年前的盛唐以陕北话为官方语言，平心而论，我更喜欢用一口悦耳的陕西话来读千年前诗人们的诗篇，如唐代诗人杜牧的《清明》：清明时节雨唰唰，路上行人跑日塔。借问酒家在阿达，碎耸一指在乌达。

我以此为主题演讲，就是想告诉大家：生活不止眼前的苟且，还有诗和远方。

……………………………………………………………………

【点评】

西安是一座自然美与人文美和谐并存的城市，文章能够以独到的眼光看到西安的自然美，以传统文化的体悟看到了西安唯美同时又不失真实的人文美。“凤头”真的华美，“豹尾”尚缺力量。

我的英国游学之旅

贺雨尚

初二寒假，我跟随学校师生一起去英国游学。当然，在那儿有很多快乐的经历，可是，我更想分享的是令我感触很深的几件事。

英国地铁站的扶梯为不同需求的人划分了左右，如果你想慢慢走，就走右边扶梯；如果你很着急，就走左边扶梯。我发现，走右边楼梯的都是一些带孩子的大人；大部分英国人都走左边，行色匆匆，都像在赶时间一样，没有手挽着手聊天的，没有散步的，都走得很快，就像衡中速度。我想，英国这个曾经的资本主义头号强国之所以会成为“日不落帝国”，离不开他们守时、惜时、勤奋的品格所起的作用。

我还去了当地很好的初中，他们的数学题很简单，差不多是我们小学数学的水平。当时老师问了一道题，我很快就做出来了。老师问谁会这道题，我举起手：“Sir，I can do it.”但是那个老师看都没看我，就当我不存在。可能在他们看来，中国人是不如他们的，在某种程度上，也是不受他们尊重的。我当时很尴尬，不过转念一想，我一定好好学习，怎么样也不能让中国人被外国人看不起。

还有一件事让我印象深刻。我坐出租车时，司机问我是中国人还是香港人，我当时就蒙了，香港难道不是中国的吗？在很多英国人的潜意识里，香港还是他们的，那里曾显示了他们强大的国力，他们曾经引以为傲。

在英国学校的教室里，他们也贴了世界地图，不过，和我们的世界地图不同，地图上用红色标注了英国曾经占领过的地方。放眼望去，几乎整张世界地图都是英国的地盘。上历史课的时候，PPT 展示的是英国从世界各地掠夺来的文物，即使有中国人在场，他们也是一副毫不在意的样子，在 PPT 上一张张地划过中国的一件件文物照片。我的心是痛的，很想拍案而起。

现在，学校里教育我们要有家国情怀，很多人不以为意。其实，我们最需要的就是一种把国当成家的意识。当真正走出国门，发现外国人还是以一种高傲的态度来对待我们的时候，我的心不知道有多难受。所以在这里我也呼吁大家警醒，我们学习不仅是为了考大学，还为了更长远的以后。以后，如果有机会出国学习，当你举起手回答问题时，外国老师会第一个叫你，因为你是不可轻视的民族中不可轻视的一员。以后，你可以指着地图给英国人看：你看，这是中国，地大物博，国泰民安！南边，是香港，它不是你们的殖民地，而是我们的领土，以前是，现在是，永远是！

【点评】

我们接受爱国主义教育时，通常有对祖国羸弱的感慨，有对祖国富强的骄傲。但作者从另一个角度诠释了对“家国情怀”的理解。作者的语言朴实、直白，正是这种方式的表达才更有说服力和警示作用。

旅行

吴昊泽

“这个假期，我带你们去杭州、上海玩吧！”老姐的一句话激起全家出游的高昂兴致，在一家人热烈讨论时，我联想到了之前看过的梁衡先生的一篇《草原八月末》：“一望无际的碧草如毡如毯，上面盛开着数不清的五彩缤纷的花，如繁星在天，如落英在水，风过时草浪轻翻，花光闪烁，那景色是何等地迷人。”“天路，去天路。”沉默许久的我突然蹦出这一句，家里人都愣住了，这大概和他们想象的江南的小桥流水出入很大。我又一字一句地重复一遍：“张北，草原天路，我要去那儿。”

于是我们启程了。

跋山涉水到了第一个景点，却让人有些失望：有“草原明珠”之称的天鹅湖倒像是一片水管漏水形成的水洼——也许真的就是从水管里放的水，在一片抱怨声中，我独自想着“天路还没去呢”。

第二天，终于到了我向往已久的草原天路，但映入眼帘的只有公路两旁稀疏的草地，汽车排成的两条长龙倒是颇为壮观。随着车向里开，终于，连草都看不见了，我心里开始咒骂。冷静下来后，文科生的思维又让我开始为祖国的生态环境保护大业操心不已。

车停后，我漫不经心地走向一个人头攒动的观望台，接下来的景观却让我震撼：金色的光带在草面上掠来飘去，像水面闪闪的亮波，又像一匹大绸缎上的反光。刚才的不愉快一下都被甩到了另一个世界，天地顿时开阔得好像连自己的五脏六腑也不复存在了。此刻，只想让眼睛贪婪地享受这难得的绿色，让心自由地驰骋在这无边的辽阔天地。

出门在外的旅行，总是这样，不会一路顺心，但在千辛万苦后看到的美景才是能够铭记一生的。当然，所赏之景、所遇之人、所感之怀都是旅途中珍贵的礼物。

比如，在成都的街头走一走，这里既有茶馆里的恬静，又有火锅店里的喧嚣，尽是慢节奏生活的享受，还有那个在大雨中仍不失风度、带着微笑主动撑伞靠近的老奶奶，让我对成都、对成都人更增添了不少好感。我曾倚在青岛栈桥尽头的栅栏，想着多少爱恨情愁曾在这里上演；在烟台老炮台看海一直到太阳落山的那段时光，承载了青涩美好的青春回忆；在济南大明湖畔独自漫步的那个下午，感受了“四面荷花三面柳，一城山色半城湖”的美景。

每趟旅行都是收获满满，但世界那么大，只看到这些还远远不够。清晨在里约看朝阳普照耶稣圣像，傍晚到爱琴海看夕阳下的波光粼粼；在巴黎乘马车环绕埃菲尔铁塔，在西西里邂逅这个小岛的美丽传说……罗马的真言之口是否真的检验人们的真心，夜空里的北极光又会是怎样一番瑰奇！还有向往已久的绮丽梦幻的挪威峡湾，和那魂牵梦萦的温柔清澈的贝加尔湖……

有人说外面的世界太美好，现在的生活太枯燥。其实，以拼搏的姿态追寻梦想的过程，本就是一场旅行。你会见识形形色色的人并不断成长，旅途的终点就是心中的远方。

愿每个人都能以一场旅行，换一路芬芳。

【点评】

旅程如人生，人生如旅程，人无法选择旅程的方向，但可以选择旅途的心情。文章欲扬先抑，在低谷处突然展开了一幅壮丽的画面，引得人心神飘荡。对于主体事件的描述应更具体，否则放在其余记叙的笔墨过多，重点有所偏颇。

再看一次海

潘天岳

幼时我常去看海。永不停歇的浪涛声与微咸中带有鱼腥味的海风总能使我迷醉，迫使我急不可待地欢笑着奔向海洋，奔向那蔚蓝中描缀着丝丝墨绿、墨绿中点染着片片淡黄的海洋。

在无数文人墨客的笔下，海洋象征着汹涌澎湃、波浪滔天、水天一色的雄伟气势，而在我心里，海洋给予我的，是悠然闲适而不乏欢乐愉悦的奢侈享受。

潮起潮落时，海水格外清亮，一条条青绿或银白的鱼儿总会悄然出现在岸边的浅水洼里。我常会拿渔网踏着海水，踩在柔软的细沙上肆意追赶这些灵动的精灵。风平浪静的日子里，碧海在阳光下泛起点点金芒，我便泡在海水中。蔚蓝的海漾起清凉而柔和的水波，涤荡着我的躯体，包裹起我的心灵。

有海的地方就必定有沙滩，也正是这一抹亮丽的金色，使大海更具有几分雍容华贵。金黄的沙滩上，有叫卖海螺的摊贩，也有晒日光浴的游人。我坐在温暖的沙砾上，拿起铲子，毫不厌倦地挖起一铲又一铲闪耀着点点金光的细沙，小心翼翼地堆砌出一个专属于自己的城堡，堆砌出一个专属于自己的精致的梦。

如今，那些美好的时光如同相框里的照片，慢慢泛黄，渐渐变旧，成为过往的回忆。我再也没有感受过那微咸的海风，弥漫在我身旁的是无数的霾粒与尘埃；再没有看过那灵动的鱼儿，终日所见仅是吱喳乱飞的灰雀；再没有遇到过那专属于自己的城堡，书桌上堆积起来的是教辅书与习题的围墙。只有桌角那个早已布满灰尘的海螺，仍见证着那段曾经梦幻般的记忆。

我拿起海螺，轻轻拍去上面的尘土，放在耳边。隐约间，我似乎又听到了那永不停歇的浪涛声，那么邈远，却又如此清晰。

片刻后，我注视着手中的海螺，轻轻道："我想，再看一次海。"

【点评】

心思细腻，文笔清秀，饱含热情的倾诉让人如临其境。使用对比的写法确能引起读者的感情共鸣——谁没有对自由、对美景的向往！书海也为海，题海也为海，知识的海洋也需要“我”这条“快乐的鱼儿”。

梦想已定，待我功成

张锦翊

我的梦想似乎总是与厦门联系在一起，那个神奇的滨海之城，坐拥西洋风味与中国古风的建筑、店铺门前的工夫茶、海中花园鼓浪屿的风情……那里，也是我梦想的起点。

初到厦门，我只是被亚热带景观和精致的人文景观所吸引。“一城如花半倚石，万点青山拥海来”，到厦门，必定要看风光，看山色海景。五老峰下的南普陀寺，环岛路上的黄厝、曾厝垵海滩以及厦门大学的无穷美景，都是必去之地。

对于我来说，在厦门大学流连半日的感受永难忘却。厦大与别处有着迥异的建筑风格，高高的棕榈、半遮半露的高檐红顶、错落的楼群分布于山上湖边，十分精致。校内全是陈嘉庚建校时的老建筑，大块大块青青白白的石头历经岁月的磨蚀，依然故我的清爽庄严。我在校园内徜徉，闻着阵阵桂花香气，慢慢踱步，想象着某一天自己也成为其中的一员，坐在芙蓉湖畔……那时我仅有 10 岁，还不知何为 985，只知我此后定要来这里求学。

傍晚，来到环岛路的海滨沙滩上，看潮涨云舒、帆逝船来，在金色的沙滩上慢慢踱步，随意地聆听海涛拍打沙滩的声响，遥望对面在夜幕下次第亮起的灯火掩映在林中，任海风吹拂着身体，这时真可以忘却一切，忘却自己仅是一个远来的游客。

第二次去厦门，更多的是被风土人情所感动。

鼓浪屿上的叶师傅最拿手的便是制作麻糍。事实上，叶氏麻糍迄今为止已有百年历史。在大多数人看来，百年的发展还停留于一个小摊车不可思议，但小本生意就这样一直经营了下来。每日上午，叶师傅不顾宛若长龙的队伍，气定神闲地取出糯米糍粑，裹入由花生碎、黑白芝麻碎和糖粉混合成的馅料，再揉成团，滚上一层黑芝麻粉，一份麻糍就做好了。

厦门是个神奇的地方，在麻糍制作者的身上，我看到了大国工匠的风范。在等待的同时，我对自己说："你一定也要成为这样能把一件事做到极致的人。"

我再一次去看望厦门时，已时隔 4 年——2017 年，距我来到衡中已经一年。

若说在小学和初中时，我还是个只知玩乐的稚童，那么，进入高中后的这一年，无疑给我的人生添上了浓墨重彩的一笔——一方面经历了人生的不堪与苦痛，另一方面对于自己的梦想和达到梦想的方式，都有了明确的指向。

这次，站在厦门大学的门口，我心中不再是懵懂、好奇，而是澎湃的热情与渴望，至少我已经知道，只要自己坚持初心，像 4 年前许诺的那样，为梦想奋斗到极致，就终会实现梦想。

既已许下誓言，便只顾风雨兼程，何畏前路坎坷？

荀子曰，岁不寒无以知松柏，事不难无以知君子。

不在美其名曰中，而在事之激流中。

梦想已定，待我功成。

【点评】

从厦大和手艺老人两条线描写厦门的自然美和人文美，向往之情跃然纸上。尤其是几次游历的年龄不同，感悟由浅入深，思想逐渐升华，充分体现了作者对成长的渴望，以及对成功的追求之志。结尾处如提一下那位师傅会更好。

一字记之曰心

刘婧

“一字记之曰心”，这句话出自《菜根谭》，勉强算是我的行为准则，我想说说关于它的故事。

“一字记之曰心”，初二那年与这句话相遇，我努力尝试着去感受、去体悟，也渐渐地在生活中赋予了它属于自己的生命气息，以“一字记之曰心”，生活总会给予我们新的惊喜。

高二刚开始，对我来讲是一段非常艰难的时期，太热、太烦、太陌生，身边的脸是陌生的，教学楼是新的，心里充斥着不安与难过。那时候我感觉，让我去适应这样的集体，实在太难。所幸，还有一两个至交好友，每天给我灌励志鸡汤，诸如不要放弃、不要颓废、不要心态崩溃等。和老师同学的摩擦，把我推向崩溃的边缘，我在放弃的前一秒打开日记，看到上高二之前写给自己的信，开篇第一句是“一字记之曰心”。用心是一件很难的事情，包括应该对班级用心，对生活用心，还要试着多留意些美好的事情。我清楚记得有人分享给我一句话：“换个角度看，这一切还是迷人的。”我想了很久，终于默认了这个事实。“一字记之曰心”，是我给上高二的自己的第一课。

“一字记之曰心”，亦是对梦想的最好诠释。它是魔笛（我男神）一年进球荒始终不曾放弃对皇马的心，即便被称为“场上英雄场下罪人”也付之一笑。梦想，是心底最初的那份热爱与热血沸腾。你向往自由，就没有什么可以阻挡你的脚步；心里有光的人，不会惧怕黑夜漫长。关于这些，让我记之于心的是：如果你想要却不努力，那么失去了请别哭泣。你要相信，没有到不了的明天。

“一字记之曰心”，是接受自己本来的样子。卢思浩在《愿有人陪你颠沛流离》中这样写道，很久以后我才明白，所谓的成长，就是越来越能接受自己本来的样子，也能更好地和孤单的自己、失落的自己、挫败的自己相处，并且接受它，然后面对它。无论将来会遇到谁，生活都是先从遇到自己开始的。

我想，世界太大，听听自己内心，承认自己的软弱比故作坚强有用得多。没有什么能一下打垮你，就像没有什么能一下拯救你。每个人都在等，每个人都会等，每个人都在用力活着，用自己的方式。你一无所有，你又拥有一切。生活忙碌而重复，有时我们甚至会忘了自己本来的样子。我不赞同碌碌无为、平凡可贵，但我愿成为一个平凡生活中不失上进、永远有笑容、传递正能量并且能够用自己的光芒去感染别人的人。我想和这样的人在一起，风会变得甜甜的，世界也会变得温柔。

“一字记之曰心”，是对未来的执着与坚守。在心底永远坚信，一切都会向好。汪国真有一首诗叫《走向远方》：

是男儿总要走向远方，
走向远方是为了让生命更辉煌。
走在崎岖不平的路上，
年轻的眼眸里装着梦更装着思想。
不论是孤独地走着还是结伴同行，
让每一个脚印都坚实而有力量。

我们学着承受痛苦。
学着把眼泪像珍珠一样收藏，
把眼泪都贮存在成功的那一天流，
那一天，哪怕流它个大海汪洋。

我们学着对待误解。
学着把生活的苦酒当成饮料一样慢慢品尝，
不论生命经过多少委屈和艰辛，
我们总是以一个朝气蓬勃的面孔，
醒来在每一个早上。

我们学着对待流言。
学着从容而冷静地面对世事沧桑，
“猝然临之而不惊，无故加之而不怒”，
这便是我们的大勇，我们的修养。

我们学着只争朝夕。
人生苦短，
道路漫长，
我们走向并珍爱每一处风光，
我们不停地走着，
不停地走着的我们也成了一处风光。

走向远方，
从少年到青年，
从青年到老年，
我们从星星走成了夕阳。

林清玄有本书叫《你心柔软，却有力量》，希望每一个人都能活成自己想要的样子，也深信与“一字记之曰心”的故事会继续陪你我走过漫长的岁月。

……………………………………………………………………

【点评】

作者是一个文艺青年，亦是一个哲学青年：一字记之曰心，与“心即理，理即心”的思想何其相似。成长经历苦难才有色彩，才有思考，才有厚度。心痛了，心通了，才能走得从容，才能走得更远。有一句话作为自己的思想支柱是很幸福的一件事，君子不忧不惧。你有一心，愿从此不忧不惧。

初智齿

康竞文

前段时间牙床隐隐作痛，检查之后才惊觉自己居然长了智齿。在担忧疼痛的同时，我回忆起了一篇散文，内容记述了主人公及其父亲在年少长智齿过程中的经历和成长感悟。受这篇散文的启发，我也想说出自己的故事，它平凡而普通，无聊而乏味，好笑而且槽点颇多，但我希望能引起你的共鸣。

自初一起接触到衡中系列丛书《花开的声音》之《那些花儿》之后，我的生活便有所转变。410 班的奋斗故事令我动容，它指引着我想象着传说中那个可怕的中学。也就是从那天起，我想知道课间洗头的感觉，我想知道两分钟整理好内务跑到操场的感觉，我想知道书中的信金焕、王战普、苏兰兰等老师的教学风采，我想知道实现河北省生物奥赛金牌零突破的大神董傲的学习状态……这些想法带给我努力的动力，使我最终幸运地踏入了衡中的校门。站在校门口，看着人头攒动的衡中，我虽窃喜，却不像其他同学那样壮志满怀，我担心自己沦为平庸，成为默默无闻的那个。

那时候的惶恐与不安是正确的，刚开学那三个月的生活状态让我难以找到合适的言语去描述形容。第一次月考将学号翻倍的班级名次带来的痛仍清晰如昨日，努力换来的第 1800 名的成绩让我对学习有了强烈的抵触感。在这种抵触心理的控制下，即使是全校最高、最帅的物理老师也无法让我提起丝毫的学习兴趣。从此我在物理课上自甘堕落，并且欣然接受了他那句“你去学文吧”的无奈调侃。每天浑浑噩噩，保留着初中时“不用很努力就能考好”的心态，我的月考成绩从 1800 名到 2600 名，再到最后一次的 3000 多名。看着基本上已废弃了的物理，回忆着化学课上喊出自己不会的题目时周围人惊奇而轻蔑的目光，一种强烈的压抑和想转学的渴望吞噬了我。

好在很快迎来了文理分科的日子，物化生加起来还不如英语成绩高的现实和满腔对人文主义的热爱让我选择了文科。我当时就下定决心，到了普通班之后一定要好好努力。分班结果出来的那天，我盯着名单看了好久，目光扫到原先隔壁班短小精悍的女学霸的名字后，我简直不敢相信自己能成为文实的学生，更不敢相信班主任是我仰慕已久的全世界历史讲得最好的男神。

久违的幸福感让我沉醉，可第一次周测班级倒数第五的成绩让我重新坠入谷底。我万分小心地迎接每一天，可文理分科的第一次月考精准地证明了物理老师那句“理科学得不好，学文也不会好到哪儿去”的预言，年级 300 名的成绩让我实在夜不能寐，无颜见江东父老。

痛苦过后，我开始拼命地努力，每天和前几名到跑操地点，和最后几名出教室，坚持挤在人堆里问问题，早读再累也坚持站着……可努力换来的退步的期末成绩再一次打击了我，让我变成了移动的毒鸡汤。我真的想进均四十，想考过自己的学号，想到一楼考场考试。可寒假的坚持与努力，同样带给我年级进步仅仅一名的成绩。坐在熟悉的考场中，听着周围马失前蹄的同学大讲自己寒假如何潇洒自在，我接受了自己的现状。

我适应了自己的平庸，适应了默默无闻的日子，考不好也不会再哭了。尽管之后的每一次月考都是自己的历史最好成绩，可那一点微不足道的进步依旧不能给予我任何安慰，结果总是不尽如人意。我告诉自己：“就这样吧。想要的东西你不能拥有，喜欢的也从来都不是你的。直到那次期中考试，我带着必进均四十的决心考到了均十的线上后，我才知道，之前所有的痛苦都是在扎根，是在为自己的蓬勃绽放汲取养分。

之后的日子更是难熬，因为我害怕自己只是昙花一现，回到那些我不想再经历的日子。我开始频繁地焦虑、频繁地担忧，成绩的一点波动都会让我大哭一场。这种担心，让我坚守着自己，最后两次考试，成绩也比较稳定，我再次证明了自己。

再次分班后，成绩依旧波动，但我不再是那个用“人生嘛，就是起落落落落落”来麻痹自己的移动毒鸡汤。这些疼痛的经历就像是智齿的萌发与成长，让我一步步走向理想的自己。尽管我现在还没有活出我想要的样子，但我相信那个优秀的自己在不远的未来熠熠生辉。

【点评】

不经一番彻骨寒，怎得梅花扑鼻香。沉重，尽管真实，尽管动情，但还是希望有挣扎后的笑容，有乌云背后射出的阳光。结尾那句“但我相信那个优秀的自己在不远的未来熠熠生辉”不由使人心生敬佩——作者因苦难锤炼的文笔、心性竟如此坚强！

将相本无种，你我当自强

马涵坤

在这个世界上，有些人历经挫折却依然坚守、拼搏奋进，这样的人真的很值得敬佩；同样值得敬佩的是在取得一定阶段胜利，处在顺境中仍然对自己严格要求不放松努力的前进者。

高中是一次长跑，三年时间的坚守、拼搏，最后检验成果的是高考。既然是长跑，那有没有必要那么在意起跑线？高一高分入学，算是有“先发优势”了吧？升高二时进步很大，算小有成就了吧？可这点成绩在高中三年的长跑中真的起多大作用，恐怕你自己都不清楚。入学成绩好的同学，高二时可能已经被后边的同学超越了；高二进步很大的同学，能确保好成绩一直保持到高三吗？能在高考最后一天发挥得淋漓尽致吗？你有先发优势，提早了几分钟、几十分钟，但后面只要稍稍放松、有点杂念，“先发优势”就荡然无存了，最为熟悉的龟兔赛跑就是这样的例子。

回首看看努力过的高一，满意地笑笑；进入高二，看看风景，领略下高中生活，谈个恋爱，在班级里出出风头，上课走走神，打打游戏，给老师制造点麻烦……这不就是龟兔赛跑中那只不专心的兔子的行为吗？今天的成绩里包含着你在初中三年时间的所有努力拼搏、在高一时因为成绩不理想的默默哭泣、在文理分科时放弃的喜欢的科目……你忍心让以前的付出在慢慢地松懈中变得毫无意义吗？！所以，现在收拾起你的情怀，放下以往的荣辱，继续无杂念地努力吧！

陈胜那句很有名的鸡汤名句“王侯将相宁有种乎”激励了无数人前赴后继、不懈奋斗，但是很遗憾，陈胜只是提出了这个理论，实践这句话的是一个叫刘邦的家伙。刘邦，本来没有名字，史料上记载也比较文雅，叫刘季。季实际就是伯、仲、叔、季的季，在乡间就是刘四的意思。他用事实证明了“将相本无种”这一说法的正确，成功地从一个街头流浪汉变成了皇帝。

我们很多同学缺少刘邦的气概。经过一年的学习考试，已经对年级第一或比自己成绩靠前很多的同学彻底服气认怂，总是说，“我超过某某不可能”“我考到前一百不可能”“我考到前五十不可能”，一副人强我弱、任人欺压的样子，却一点也看不到年级第一名每天努力学习的精神，一点也看不到不断超越的人在尽力补弱固强，更是一点也看不到“追求卓越”的精神在自己身上的体验。这次英语单词太多，我少记几个；这个作文没有思路，我糊弄一下；这道数学题太复杂，我参考下答案……殊不知，你每一步的偷懒，都会在考试成绩中体现出来。

当然，大部分人都不可能出色到刘邦、马云的程度，真正被拿来当作教科书般介绍的都是少数人，可是，我们每一个人出色的可能性是真实存在的。不拼搏，或许连你的同桌都瞧不起你!

【点评】

这篇文章通过分析古代皇帝并非世袭来论述现代高中生只有通过努力学习，不断的拼搏，才有可能取得令人满意的成绩，深入浅出地印证了“将相本无种，你我当自强”，草根里也能走出伟大的人。旁征博引，贯穿古今，类比了中学生的学习生活，读完发人深省、催人奋进。

读《狼图腾》有感

秦川

谈到狼，人们最先想到的可能是狼心狗肺、狼子野心等诸多成语。从古代开始，人们对于狼的印象多半是凶狠、狡猾、贪婪，然而在我们不知道的地方，有这样一个民族，他们过着游牧的浪漫生活，他们恨狼又敬狼，保留着对草原狼图腾的崇拜，保留着对大自然生态平衡的敬畏。

一本书的成功之处，在于它吸引人，读起来让人如身临其境。《狼图腾》就是这样一本书，它描写的场景真实刺激，刻画的人物自然亲切，其中让我印象最深的是对于狼品格的刻画。

其一是智慧，体现在狼群打围黄羊的情节中：狼群埋伏在草地中一动不动，就等黄羊吃草吃撑后再突然袭击，被狼群逼得走投无路的黄羊，有的双膝一跪栽倒在地，有的直接被咬断脖颈，大部分被逼进雪坑。在短短的时间内，狼的突袭结束,给自己留足了过冬的口粮,给人们弄来了年货,也阻止了黄羊对草地的破坏。

其二是团队合作和牺牲精神，这体现在关于军马的情节上：有人可能会觉得狼给人带来了麻烦，但实际上是因为人将狼群袭击的黄羊全部运走，导致狼没有食物，群狼才发起报复。其中最惊心动魄的描写，莫过于一匹匹母狼死死咬透马身的情景。

其三是永不服输的倔强，这体现在小狼身上：它学狗吠不成，急得直打转，晚上终于学会了狼嗥，一声一声直入人心。狼骨子里的野性难以驯服，这也是在马戏团中有狮子、老虎而从来没有狼的原因。

这些品质都融入草原人的血液中，正如阿爸所说，打仗狼比人聪明。蒙古人打猎、打围、打仗都是跟狼学的，结果输赢，全看你是狼还是羊。

除了令人惊心动魄的情节，《狼图腾》的主题也十分深刻——赞美狼的优秀品质的同时，提出了人与自然、草原与草原狼的深刻联系，将成吉思汗横扫中原的铁骑与狼的血性、狼的精神联系起来，这些都足以引起我们思考。

让我感触最深的，仍是人与自然这方面。虽然我没有去过内蒙古大草原，但在看完这本书后，我的内心对草原狼有了一种深深的崇敬。农耕文明的侵入让这些狼性文化受到了破坏，人后来对狼的残忍屠杀、小狼的最终逝去都给这部作品抹上了一种悲剧色彩，让人为之伤感，甚至气愤得想要落泪。

【点评】

本文条理清晰地分析了《狼图腾》的成功之处，在于它让人身临其境。它的成功之处有以下三点：第一，智慧；第二，团队合作和牺牲精神；第三，永不服输的倔强。文章脉络清晰、旁征博引，又增添了作者的切身感受，读起来十分有代入感。

水知道答案

赵津漪

《水知道答案》是日本江本胜博士的著作，内容是他进行了10年实验得出的结论。所有风姿各异的水结晶照片都是在 -5℃的冷室中拍摄而成，研究员在实验水两边放上音响，让水“听”音乐。当水听到美好与善良的音乐时，水结晶就显得十分美丽；当听到丑恶与负面的音乐时，水结晶就显得不规则且丑陋。

通过这个实验，想和大家分享两点体会。

第一，环境对人的影响。每个人都身处于一个环境之中，每时每刻都在不自觉地被周围的环境影响。物质决定意识，意识能够反映物质，人具有主观能动性，因而意识活动具有主观创造性。外界环境对人有什么样的影响，人的意识就能采取多种形式反映事物的外部形象，而且能够运用概念、判断、推理等形式对感性材料积极主动地进行加工制作，反映事物的内部联系及其规律性。但归根结底，没有外界的客观条件，就没有意识的对外反映。因此，选择一个怎样的客观环境，对人生具有不可估量的作用。

科学家研究认为：“人是唯一能接受暗示的动物。”积极的暗示，会对人的情绪和生理状态产生良好的影响，激发人的内在潜能，发挥人的超常水平，使人进取、催人奋进，反之则会使人渐入深渊。有句话说得好，你是谁不重要，重要的是你和谁在一起。野狼在羊群中长大，就会失掉野性，怎能叱咤风云、驰骋大地？大鹏与斥鷃同长，又怎能腾空九万里、直抵南冥？

第二，保持人性向善的必要性。每个人不仅潜移默化地被周围的环境影响，也在潜移默化中影响着周围的环境，我们要以怎样的形式呈现给外界也就成了一个无法回避的问题，答案显而易见——以善良之心。每个人要从我做起，做正能量的传播者，做真善美的传播者，不要做假恶丑的传播者，使周围的环境丑陋不堪。善良是人性中最基本的品格，也是人性里最为朴素的美。只有在善良的土壤里，才能开出更为崇高的品德之花。善良是灵魂的返璞归真，是人性的虔诚皈依，哪怕只是一句真诚的问候，哪怕只有一个体恤的眼神，都会使我们在百转人生中获得绵长的感动与停留的温情，而泛滥的邪恶与麻木注定会冲垮道德的堤防，淹没自己。

善良是播种，不经意间就会开出最美丽的人性之花。心存善良的人，他的言语、举动会像绵绵春雨般润物细无声，会像柔柔春风般温暖人的心灵，带来一个让人享受的轻松愉悦的世界。当我们走进他们构筑的天地，就会发现那里美丽、清朗、无染。我们不能苛求每一个平凡的人用崇高的品德感天动地，但只要做到人人心存善良，极尽自己力所能及之事，这个世界就一定会更美好。

所谓人才，“人”与“才”缺一不可，在学习的路上，要做一个会学习的人，寻觅或创造一个利于学习的外界环境，努力成为“才”；在人生的道路上，始终保持一颗善良的心，做一个善良的人。

……………………………………………………………………

【点评】

水，无色无味，作为自然界处处可存在的物质，竟然还可以反映人类的本性。水可以根据音乐来变化结晶的形状，人同样也会根据外界的环境来变化自己的形象，所以我们要注意自己周围生活的环境，接受积极的暗示，永远向着善良积极的一面而努力成才，进入一个有利于学习的环境，努力变得善良，在人生的道路上保持一颗善良的心。

更高，更快，更强

刘祉辰

我热爱体育运动，尊崇更高、更快、更强的奥林匹克精神。于我来说，体育运动不仅是强身健体的手段方式，也是磨炼自己精神意志的有效途径。更高、更快、更强不仅体现在体育运动中，更是指导我们不断前进、永不满足、勇攀高峰的人生指南。

还记得我八九岁时，爸爸带我去游泳，换好泳衣的我畏畏缩缩地来到同龄人聚集的浅水池。“去那边。”爸爸命令道。我说：“不！”他说：“在浅水池怎能学会游泳？”于是我被拎起来，扔进了深水池。人只有在面临巨大的困难、挑战之时，才会被激发出无限潜能。水中的我，渴望空气，渴望阳光，渴望生命。就这样，我先是用极短的时间克服了恐惧和不安，然后求生的欲望驱使着我奋力游向岸边。极短的时间，我便快速掌握了游泳技能。同样，在水中近乎绝望的困境也磨炼了我的顽强意志，增强了我遇事愈挫愈勇的品质和雄心。

我热爱足球，喜欢在绿茵场上纵横驰骋、奋力拼抢的快感和喜悦，喜欢体验临近体能极限时再多坚持一秒的酣畅与满足。第一次踢球十分难忘，那时我还小，与几个年纪大的孩子因为谁用球场争执不下，最终决定用实力说话、用输赢见分晓。那时拼得很凶，大家全都累趴下了，我的膝盖也磕破了。但给我留下印象最深的不是这些，也不是比赛的最终结果，而是青春年少的我在球场上左冲右突，肆意地挥洒汗水，直至筋疲力尽最后瘫倒在草皮上仰望蓝天的快意和洒脱。

也许正是因为这些运动经历，让我养成了不畏艰险、勇于克难攻坚的品质，让我时时刻刻都保持一颗积极、进取的心。我想，更高、更快、更强正是一个青年学生应有的气概与情怀。现在，学习压力加大，体育活动虽然不多，但体育精神仍应永不褪色，贯穿于我们日常的学习和生活中。

这种精神，就是学习中勇于亮剑、敢于挑战的拼劲。面对来自学习或是生活上的压力，是全力解决还是就此沉沦？当得到一个较为满意的成绩，是安于现状还是突破自己？无论是身处逆境还是顺境，都应不断发现并解决问题，直至超越自己。

这种精神还应是一种乐观精神。只有积极的心态才可助我们正常或超常发挥，只要无愧于自己便可静待花开。其实，更高、更快、更强与追求卓越一脉相承。正如老班所说的，在衡中，永远都有比你更努力的人，唯有不断追求更高、更快、更强，方能不断进步，进而实现卓越。

【点评】

体育运动带给人的不仅仅只有身体的强健，还有精神的强健。奥林匹克精神更高、更快、更强，这指导着我们永远向前方进发，永远追求更远大的志向。也许在体育活动中遇到了失败，也许因为某项运动而不小心受伤，但是这些小小的挫折和伤痛正是激励我们永远积极进取的助推器。在学习中亦是如此，我们遇到困难，恰恰是走向成功的机遇，只要有乐观的体育精神，有向上的信念，终究会越来越卓越。

十万种美丽

方岩

就像《十万个为什么》一样，说美丽有十万种未免还是少了些。美丽充斥在我们生活中，我们走着、跑着又驻足观赏。我们把美丽看在眼里，把美丽记在心里，把美丽定格在时空里。曾经有人和我说，没有绝对的永远。在我看来，当美丽被铭记的那一刻，便是永恒。下面和大家分享我与摄影的故事与感受。

有人说“价值产生信心，信心产生热忱，而热忱则征服世界”，开始时，我也只是喜欢随便照照，不过都是拍身边的小事物，觉得好看便发到了网上。也不知从何时起，越来越多的朋友说我照的相片好看，我这才想更深入地去了解有关照相的知识，也想做得更好。其实那些照片不一定有多么高的艺术价值，但是身处其中是开心快乐的。当大家都在欣赏著名景点的时候，那个脱离人群的我更喜欢那些可能不被人注意的美丽。

有三张照片都是我在趵突泉公园照的，蓦然回首，美丽就在眼前。

朱光潜在《谈美》中写道：“美不完全在外物，也不完全在人心，它是心物婚媾后所产生的婴儿。”摄影最重要的还是快乐的心情和欣赏的眼光吧，心情好，看什么都好看；对不那么好看的，换个角度，或许会有新的发现。

还有一张照片是我在网上看到的，特别喜欢，尽管不是自己拍的，也一并拿来和大家分享感受。这张照片中每个人都不一样，每个人都蕴含着无限的可能。他们或尽全力想要从远方捕捉些什么，或不顾他人目光径自纯真地笑着。可能随着年纪增长，他们不会再对未来充满如此多的渴望，当然也可能他们一直怀有赤子之心，拼命追求想要的，美丽始终在心里。

你是一树一树的花开，是燕在梁间呢喃。你是爱，是暖，是希望，你是人间的四月天！

——有人说这是林徽因写给孩子的，有人说是写给爱人的，换种表述，或许是写给一个人的吧。

有张照片是我在火车站照的。当时是大夏天，特别热，在那个地小人多的候车厅里，头上虽然吱吱地转着电扇，但根本就吹不着风。闷热让我有点打蔫，无意中往窗外一看，我一个激灵就来了劲，照了那张照片。其实当时对那张照片不是很满意，但回头再来看，似乎一切又都恰到好处，蓝色的玻璃窗给照片加了一层自然的滤镜，使气氛没那么焦躁，形形色色的人们又显现了生活本来的面貌。鲁迅有言：“必须敢于正视，这才可望敢想、敢说、敢做、敢当。”看人间百态，怀赤子之心，生活就像是个单向出口，我们只能向前走。

登华山时起雾可谓是十分令人遗憾了，对面的山被藏起来，栈道也因此关闭，可是在雾笼罩下如仙境般的华山不也是它的另一种美吗？再美的花也会凋谢，可干的花不也有其独特的美吗？再不济，花瓣叶子都变色凋落，不也化为春泥将美传递了吗？虽然只处在商场一角，但它们始终在用自己的美丽默默地守在角落里，扮演着自己的角色。余秋雨曾写道：“堂皇转眼凋零，喧腾是短命的别名。”为了将美丽传递，大家都在努力，庐山上的美丽是天地赠予我们的财富，黄河上的国旗为我们保驾护航。感谢大自然，感谢这些美丽，感谢传递美丽的人们。

美丽就在身边，司空见惯的事物，也不要忽略了它的美。咱们的校园那么美，美到解放军阿姨和消防员叔叔都来这里拍婚纱照。蓝的天、红的房、绿的草和积极向上的人们，阳光映在地上的一起一伏的队列的影子，偶然看到的路边开得刚好的花，冬天树上的霜挂，抬头可见的繁星、圆月和朝霞……无数种美丽总是令人神往，当然并不一定非要拍摄下来，但要看在眼里、记在心里。

我看过一个视频，里面有这样的表达：他喜欢你，就会给你拍照片，拍好多好多照片，那么多照片中总会有一张好看的。喜欢这个世界，爱这个世界，当真正去爱这个不那么完美的世界时，就别再抱怨为什么上帝关上了门又关上了窗，因为要么是他要开空调了，要么是我们被赋予一个契机，去冲破这小牢笼，去寻求更美好、更宽阔的天地，而在那里，我们会遇见更优秀的自己。

果然，一切都水到渠成，“果然”这个立在泰山之巅的石碑，恰恰诠释了去攀登一座又一座山峰的真正含义。

希望大家都能成为自己最喜欢、最羡慕、最佩服、最向往的那种人。想变成清水默默奉献也没问题，想变成超人拯救世界也没问题，这些都需要去努力，让我们自身也变成一种美丽，一种别人眼里、镜头中别样的景致。

【点评】

有一句美丽的话，“世界上不是缺少美，而是缺少发现美的眼睛”。美丽有十万种，花朵开放是美花朵凋零也是美，日出是美日落也是美。美不完全在外物，也不完全在人心，它是人的心灵和外在的环境交融、碰撞所产生的结晶。美丽就在身边，司空见惯的事物，也不要忽略它的美。我们要善于发现生命之中的闪光点，就像一缕花香、一只蝴蝶，只要你细心发现，到处都是美丽的风景。

琴上月令

许喜宁

之所以写这篇文章，是因为有一天晚上我躺在宿舍的床上，辗转反侧难以入眠，梦中又回到了琴社：老师亲题的“元真”二字中正雄浑；茶桌上静静焚烧的沉香清雅怡人；多宝阁上金黄的铜磬，下课时用翠绿的琉璃槌轻敲一声，悠长清越，将满室琴弦的嗡鸣震散，清心醒神。一切都是原样，老师依旧是仙风道骨，却有着红尘间的平易近人。在这里，在这个大隐隐于市的元真琴社，我曾度过了一个又一个的午后时光。从艳阳高照到繁星漫天，一言不发，只与清茶、雅乐为伴。

遗憾的是，自初三转学到了另一个城市，后来又到了衡中，我便再不曾去琴社。妈妈说我已经相思成狂，所以提笔作文，聊作慰藉。

正文

先贤制琴，上观法于天，下取法于地，近取诸身，远取诸物，于是始削桐为琴，绳丝为弦，以通神明之德，合天地之和焉。琴作为中国古代地位最为崇高的乐器，完美地体现了先人天人合一的传统思想。琴身长三尺六寸五分，代表一年有三百六十五天，舜削桐而为五弦琴，象征着金、木、水、火、土五行。五行相生相克，五弦相和为乐，今天我们从一个全新的角度切入，走出充斥着废气烟尘与反季蔬果的都市，让生活返璞归真，体会古人对于自然节令感受的敏锐和深刻。

壹　杏花春晓兰亭会

冬春之交，阴极阳生。正月的趣味在于春寒料峭大地，一片雪影芽苞交相应和。当曙光熹微，晓风吹散晨雾，杨柳透绿，新荑点点。嫩黄的迎春披拂墙头，红梅绿萼迎风绽放，百鸟啁啾，一片生机。二月惊蛰，燕子呢喃花解语，万木峥嵘玉翠微。东风着力恣挥洒，点染皴擦总相宜。宛如江南民歌的曲调，清新流畅，活泼奔放。春意太匆匆，转眼已是那桐始华萍初生的暮春清明雨，此情此景，汝可愿会诸贤修禊兰亭，临流长啸，山鸣谷应，吟咏已不足抒怀，不觉手舞足蹈，萧爽放达，长鸣几声，层层跌宕，借酒而狂，抚琴一曲，能否暂泄你内心之苦？

贰　散云起风吟极乐

时至春夏交界，雷电交加，风云突变，先民视为上苍震怒，每存敬畏之心，而生迁善改过之意。五月阴雨连绵，舜鼓五弦之琴歌曰：南风之熏兮，可以解吾民之愠兮。南风之时兮，可以阜吾民之财兮。宫中传来的南风之歌驱散了万民心中的阴霾郁结，带来了稻麦成熟所需的晴朗天气。其歌淳朴流畅，颇具太古之风，全曲仅用五弦，恰是舜鼓五弦琴的遗范。只是入伏之后酷暑难当，可若是隐居山中便可晓汲清湘燃楚竹，枕石漱流结草衣。泠泠琴音如流泉涌，碧嶂虚堂疑雪消尽炎嚣。

叁　洞庭落雁舞秋风

物极必反。七月生寒，碧云天，黄叶地，西风紧，北雁南飞，晓来谁染霜林醉，总是离人泪。梧叶舞秋风，其气凛冽，其意萧条。转眼之间，江南江北八九月，葭芦伐尽洲渚阔。高空雁阵参差，起落上下颃，回环瞻顾，渐翔渐近。群雁俱落之后，江天雾霭渐起。凉风至，白露降，寒蝉鸣。洞庭湖上澄波澹荡，扁舟与乾坤俱浮，红叶寥落，泪竹斑斑，过往迁客骚人触目牵怀，怎能不同兴屈子之叹。

肆　白雪红梅畅神人

年既即终，自须祭天地神明，尧弹琴神降其室。旋律时而庄严时而委婉，如慈悲叮咛，娓娓而谈，琴音再转，宽宏散荡，以示大地厚德载物。一气流转而下，仿佛人神交融、万民同歌，明年之丰收可得神佑。十月孟冬，水始冰，地始冻，北国风光最壮观的莫过于漫天飞雪。你可曾记得千年之前有客于郢中，唱阳春白雪隐逸山中。晨起望山林，雪压青松翠竹，一片玉树琼林，层峦叠翠，仿佛心灵都被这白雪净化。一望苍茫旷远，却见山脚有梅三四枝，香含珠玉，任冰雪影横锦户，更无邻凌霜傲雪，能占百花魁，喜见四君之首。我愿以琴歌之古，淡清幽却如冰风戛玉宜乎，为千古梅花之绝唱。

小结

大音希声，道法自然。中国的文化哲学、美学、文学与音乐联系紧密、互相渗透。在这个社会分工渐细、艺术独成专科的年代，我们希望将以古琴为代表的传统文化放回整个中华文化体系这个大的文化圈中，恢复其原生状态，以期在全方位的艺术环境中去品味古人的高尚情操。仰慕先贤品位，那或是安然喜乐或是宁静苍茫的意境足以洗涤自己的心灵。

回首华夏悠悠五千载，请你记得，曾经有一条大河名叫黄河，曾经有一对图腾叫作龙凤，曾经有一种雅乐名曰古琴，从古至今，始终有一个民族叫作华夏。

【点评】

从相思成狂到提笔写作，点明了作者对琴的痴迷。从春夏到秋冬，作者带我们领略了一年四季的美妙琴声。从细腻的笔触中，感受到了对琴由衷的喜爱与痴迷；从语言表达中，展现了深厚的文学功底。

小物件里的温暖

李慕紫

时光如水般流淌，一天又一天，一年又一年。岁月的长河带走了我们的笑与泪、喜与忧，亦让我们有所收获。时间的淘洗中，沉淀下的不只有数不胜数的难忘回忆，还有那些各种各样的小物件。它们也许没有华丽精致的外表，没有厚重壮阔的历史，但它们是往日记忆的载体，记录着生活中的琐碎点滴，传递着丝丝温暖。

火车票的故事

不知大家是否还记得许多年前的火车票的模样？那时还是人工检票时的纸质版。车票是红色的，周围有圈白色的边。检票员用打孔器“咔”地一按，车票边缘就有了小小的缺口。那时候，我爸爸在保定工作，妈妈带着我在唐山工作，一家人的团聚就靠将近六个小时的缓慢火车。爸爸妈妈把每张车票都留了下来，放进书桌的抽屉里。日积月累，车票有了厚厚的一沓。放得久了，车票微微泛黄，略有褶皱。

这些火车票给了我难以磨灭的记忆。木质书桌的抽屉里，略显陈旧的火车票散发着淡淡的油墨香，这是我记忆中永恒的风景。小时候只是觉得好玩，后来才渐渐品味出车票背后的意义。那些火车票见证了父母年轻时打拼的不易，更承载了一家人团聚时的温馨甜蜜。

一把伞走过的时光

我有一把伞，陪了我十年。那是一把小巧轻便的遮阳伞，白底，上面勾勒着素雅的蓝色花瓣。这把伞的珍贵之处在于，它是爸爸送给妈妈的礼物。它并不便宜，对那时的爸爸妈妈来说，还是一件小小的奢侈品。妈妈嗔怪爸爸破费，却藏不住满脸欢喜。我曾暗自感叹，一向沉默内敛很少表达感情的爸爸居然会送这样精美的伞给妈妈，也难怪妈妈这么珍惜这把伞。我无数次缠着她，要她把伞送给我，她总是舍不得。

小时候，我期待着明媚的夏天，和妈妈打着伞走在街上。伞面在地上投下小小的一片阴影，营造出烈日下的一片清凉。我喜欢在伞影里跳进跳出，看清爽的花纹在头顶晃动。后来，在我上高中时，妈妈终于把伞送给了我。十年过去了，在各式美丽的伞中间，它已不再起眼，原来白净的伞面也已变得黯淡，有了皱纹，但我仍把它留在身边。看着这把伞，我的耳畔仿佛又萦绕着爸爸的谆谆教诲，眼前仿佛又闪过妈妈灿烂的笑容。这把伞传到我的手中，也许是最好的归宿。

从某种意义上讲，我们身边的这些小东西都是有生命、有温度的。它们不会说话，却给予我们无言的陪伴，像是多年悲欢与共的老朋友。年华会逝去，我们都将长大、变老，但这些小物件总是保持着最基本的模样。也许某一年、某一天，当你再看到它时，会触动你心底的某处记忆，让你或微微叹息，或莞尔一笑。

学会珍惜吧，珍惜眼前人，珍惜今日时光；学会欣赏吧，欣赏身边的一草一木一物；热爱生活吧，这世界总有那么多的美好。踏实、快乐、充实地过好每一天，让今天、让此刻成为日后最闪亮的回忆！

……………………………………………………………………

【点评】

从题目中就可以看出来作者是一个文艺、细腻、有情怀、懂珍惜的人。从小物件中体味亲情，从小物件中感悟爱，从小物件中学会珍惜……首尾的呼应不是很到位，开篇提温暖，结尾提珍惜，首尾不一致，感觉有点跑题。作者可以把珍惜融入那些温暖的小物件中，然后结尾再回到“温暖”，与题目和开篇照应。

失落的记忆

孙紫璇

历史是一堆灰烬，但灰烬深处有余温。文物是冰冷的，同时也是炙热的。文物连接古今，让身处今世的我们得以窥见历史长河的一角，了解文物的前世今生。

西周大克鼎

鼎本来是用来煮肉的容器，在夏朝以后却变成象征权力的礼器。大克鼎与大盂鼎、毛公鼎并称海内三宝。大克鼎不仅体现了西周高超的青铜铸造技术，还体现了当时的篆刻技术。大克鼎上面的字迹工整有力，对中国后来的书法篆刻技术有很大的影响。

当大克鼎再次重现在世人面前，已是清代。清代金石大家潘祖荫收藏了西周时期最大的两件青铜器——大盂鼎与大克鼎。在动乱的年代，潘家饱受磨难，保护大克鼎的重担落在了年轻女子潘达于身上。她在中秋夜借着微弱的月光连夜将大克鼎埋在地下，地面塌陷后又将其伪装成杂物堆，在生活拮据的情况下拿出一千大洋来做文物档案，新中国成立后又将收了一辈子的文物捐赠给国家，给了文物一个新的生命，让更多的人能够认识大克鼎。心怀家国，高风亮节。

秦杜虎符

虎符是古代对战争调度指挥起决定作用的一个物品。我国现今出土的完整的秦国虎符仅有三件，而杜虎符便是其中之一。虎符分为左右两半，右半符在京师，左半符颁发给屯住在外的军队。需调兵时，由朝廷使者持右半符前往。左右相合，即可调兵遣将。方寸之间，掌握了一国命运。

从秦代虎符到唐高祖时的鱼符再到武则天时的龟符，从调兵遣将到身份象征，虎符不断发展。留给今人借鉴的，更多的是其中的保密精神。虎符制成后，模板立刻毁掉，世间再无相同的虎符。而今的银行U盾、指纹认证、手势密码、刷脸认证、虹膜认证……古代虎符中所蕴含的密码，已渗透入今天生活中的方方面面。

唐《阙楼仪仗图》

《阙楼仪仗图》是1971年从懿德太子墓出土的，展现了唐代王宫一座母阙、两座子阙的三出阙建筑形象。它历经时间的洗礼，早已失去了昔日鲜艳的色彩，但依然透露出辉煌壮丽，从中可以窥见大唐风貌。

它也可以说是大唐盛世最真实的图像记忆。唐朝，是一个让我们为之自豪的时代，也是一个文化包容开放的时代。仪仗图从一个仪仗队小卒的视角带我们认识长安，领略盛唐气象：李白的浪漫飘逸，杜甫的沉郁顿挫，王维的诗中有画、画中有诗；体现盛唐气象：街上有各国各族的人，酒肆里的胡旋舞，市面上流通的各国货币，万国来朝的壮观景象……将俗与雅完美结合，既有唐诗的高雅，又有恢宏壮丽的建筑。

其中的建筑也对研究唐代很有帮助。仪仗图中最精美的当属三出阙。现如今有两座复原建筑：一座在陕西博物馆，另一座在上海世博园。三出阙的修建，还原了一个时代的风貌，让我们一窥盛唐风采，体会大唐风韵。

文物并非是一个陈旧的器物，也不是一个死寂的物品。文物是有生命的，许多文物中蕴含的古人智慧让今人都无法了解和解释。在历史的变迁中，许多技术都已经失传，通过文物，我们可以将其破译并传承下去，让文物活起来。

就像诗词浸润在中华儿女骨血中一样，文物也是一种情怀。文物带着历史的厚重，承载着时间与文化。

文物不会被冷落。

……………………………………………………………………………………

【点评】

作者从历史的长河中，掬起了一捧关于文物的水，带我们去探究这捧水的来去与自由。鼎、虎符、《阙楼仪仗图》，它们都承载着属于自己朝代的事与情，它们是时代的产物，是文化的产物。从中不难看出作者的历史素养极高，文学底蕴深厚。

守望

靳艾佳

守着这轮朝阳，望向那光芒万丈的远方。

——题记

因为喜欢，所以坚持；因为坚持，所以守望。

初识这位朋友是在一个寒风凛冽的早晨。拿着一张可以让整颗心变得比天还阴冷的成绩单，我落魄地走出教学楼。不经意间扭头一瞥，我看到了一轮朝阳，那么灿烂，那么耀眼，只一瞬间，我便沉溺于它的光芒之中。从它的柔光里，我似乎看到了父母那张期待的笑脸，似乎看到了老师那份殷切的希望，似乎看到了朋友竖起的大拇指，似乎看到了那个坚强而勇敢的我在给自己加油。

从那以后，我渐渐对它关注起来。春秋，它总是在早读时悄悄溜进教室，将它的力量与琅琅读书声合二为一，显得那么朝气蓬勃；盛夏，它总是在早操时现出光芒，将光芒随着每一个步伐稳稳落下，显得那么强壮有力；寒冬，它总是在早饭时流连，将温暖伴着饭香冲进人们的心底，显得那么温柔体贴。很庆幸，一年四季，纵使地球有公转自转，也无法阻止我与它相伴。

有人说，太阳的生活太单一，太阳的责任太简单，但我想说，最简单的也最深刻，它带给我的力量，远不是照亮天空那么简单。每次望向它，我都会忍不住流连，从它的身上，我似乎感受到了那份奋不顾身冲破阴霾照亮大地的责任，感受到了那份担起青春永不言败的勇气，感受到了那个我可以等待的灿烂多彩的未来。从它的身上，我明白了余秋雨先生的那句话：“只一闪，便觉得岁月悠长，山河无恙。”

每个人心里都有一片执着的守望，或大或小，或远或近。守望，是因为那怦然而动的内心；守望，是因为那满腔热血的无惧。纳什的守望，是他笔下画不完的圆，心里填不满的愿，最后是均衡论让他明白了守望的真谛；村上春树的守望，是出发时不问路在哪儿，只顾迎风前进，最后全世界的掌声让他懂得了守望的价值；而我的守望，是像尘埃一样的无畏，管它美不美，让未来的未来告诉我答案。

三年的时光，守望你；一生的岁月，守望你。我很喜欢，我想坚持。若可以，来生做你怀里的一粒黑子，与你一起承担照耀大地的责任。

只因是你，所以，喜欢很简单，守望亦很简单。

【点评】

题记补充了关于太阳的守望，文章从喜欢太阳谈到太阳的坚持，从太阳的坚持谈到它的守望，可以再往守望这个主题上谈一谈。

幸福与颓废

王禹博

在生活中，幸福与颓废总是如影随形。从村上春树在《兰格汉斯岛的午后》中所述的小确幸，再到以咸鱼京瘫为代表的小确丧，每一种 meme 的形成，都与人的生活、心态密不可分。但无论是处在幸福之中，还是陷于颓废之内，二者都不会停止改变与转化。它们只是一时的状态，而不是凝固的个性。对于幸福，要敞开怀抱；对于颓废，也不能紧闭心扉。

泰戈尔在《飞鸟集》中写道："你微微地笑着，不同我说什么话。而我觉得，为了这个，我已经等待得久了。"可以看出，所谓的幸福，既被客观条件所束缚，却又无时不在人的观念之中。比如卧于病榻之上的垂死之人，给他金山银山，他都不会感到一丝一毫的幸福，因为这并不是他想要的；而另一方面，如同《兰格汉斯岛的午后》中所写：站在商店门前，想买一瓶饮料时，摸摸兜中恰好有五块钱，你都会笑逐颜开；排队时，你在的队伍动得比旁边的快，你也会轻轻微笑；寂寞时，恰巧看到了思念的人给你发来的消息，你必然会喜上眉梢……就是这样，幸福有时很简单。简单的幸福来自生活中点滴的小事，如果不能用心地去生活，就无法成为一个幸福的人。

想要幸福，还要勇于承受不幸，因为幸福有时会依赖不幸，如同太宰治说的，"幸福感就如沉积在悲哀之河底下，隐隐发光的金砂"，有时不幸之中也可能存在着幸福。当《背影》中的朱自清先生看到那黑布大马褂爬上对面的月台之时，谁能否认，在这看似凄冷的悲哀之下，没有他曾浸于父爱之中的幸福？当《摩诃婆罗多》中的迦尔纳在决战中因为车轮陷于泥潭之中而被阿周那刺死于战场上之时，他会不会感受到了从诅咒与不幸中解脱的幸福？可能这种悲哀中的幸福，只有他们本人才能察觉到吧。

老子说："祸兮福之所倚，福兮祸之所伏。"祸福相生，否极泰来，在经历不幸之后，通过自己的努力，幸福也会紧随而来。饰演过钢铁侠的好莱坞知名演员小罗伯特·唐尼曾经是一个瘾君子，且被关进戒毒所强制戒毒，在那之后，他由于声誉问题一度无片可接，生活陷入低谷。但经过一次又一次的反思和积极改变，他同时提升了自己的演技与精神品质，终于赢得了一纸片约，一步步回到了人生巅峰。欧·亨利也曾因为工作问题被捕入狱，从而让自己和家人的生活陷入绝境，但出狱以后，他找到了写作的道路，坚持了下去，并取得了成功。

总之，对于幸福，芥川龙之介说自己像喜欢陈年美酒一样喜欢古老的快乐主义，决定我们行为的既非善良也非罪恶而是我们的好恶。人的环境与好恶不同，对幸福的感受与体会也就不同。

习近平总书记说幸福都是奋斗出来的。奋斗可以单纯地让人得到幸福，也可以把不幸化为幸福。

颓废是幸福的孪生兄弟。人人爱幸福，至于颓废，人们大多闻颓色变，敬而远之。因此，颓废成了一些年轻人孤立于社会的保护色，成了他们掩饰内心的外衣、掩盖表情的面具。颓废当然有轻重之分。轻一些的颓废，如“最近太累了，但等忙完这一阵子——就可以忙下一阵子了”，抑或是“你以为有了钱就会像你想象中那样快乐吗？不，你错了。有钱人的生活，你根本想象不到”。而重一些的颓废，就像是太宰治借叶藏之口的“生而为人，我很抱歉”或是“回首前尘，尽是可耻的过往”。但无论轻重，颓废总是颓废，是人的消极情绪。

除去伟大的作家或是思想家（因为颓废可能会激发他们的天才灵感），那种重度的颓废对普通人而言的确是不利的。颓废的人没有希望，美国“垮掉的一代”正是这样的写照。那些丢失了“美国梦”的人，成为中产阶级不幸的代表。即便其文采如海子、三毛一般，艺术造诣如凡·高一般，不幸的颓废也会夺走他们自己的生命。芥川龙之介说所有人唯一共通的感情就是对死亡的恐怖。人们对负面的情感抵触，甚至压过了这种共通的恐怖。但是，既然不幸能够转化为幸福，颓废为什么不能反过来让人积极乐观起来呢？

“小确丧”是当今社会流行的词语之一，与村上的“小确幸”的定义正相反，它是指生活中的一些小小的糗事，能让人在一瞬间有些颓废不幸的感觉。比如，你飞奔到站台，却刚好错过一班公车；努力了一晚上，只有一首古诗没背，结果老师却偏偏检查你背这一首……确实挺倒霉的不是吗？这种轻轻地颓废，是生活压力下的一声叹息，只要不让它引起大众的共鸣，并借此机会汇聚成颓废的风暴而“发扬光大”，那么人们陷于这种状态总归是无可厚非的。生活的压力就像权力的车轮，“谢谢神，我不是一个权力的轮子，而是被压在这轮子下的活人之一”。作为一名光荣的活人，小确丧的表达就如同在生活的压力下，给疲惫的自己稍稍打开一个缺口，让不幸流出去，让光明照进来。发出“小确丧”的抱怨并不可怕，可怕的是跌倒后不再站起来。谁能说自己生活中没有“小确丧”呢？而谁又能说这“小确丧”的点点滴滴不会化成前进的动力？如果所谓的正能量满满的人欲剥夺他人正当的吐露“小确丧”的权利的话，那么便如同欲把人在太阳之下投射的阴影剥夺去一般——是一种不切实际的幻想。也许这一点点颓废，更让我们留恋或是去创造幸福的可贵。

“真的勇士，敢于直面惨淡的人生，敢于正视淋漓的鲜血。”何况“人是为了爱和革命而生下来的”，所谓“爱”，便是感受幸福，所谓“革命”就是笑对颓境。“你想成为幸福的人吗？但愿你首先学会吃得起苦！”。

【点评】

作者从幸福与颓废两方面的对比来论述，从泰戈尔到太宰治，从《飞鸟集》到《摩诃婆罗多》，从老子到习近平……论据充分，论证条理分明。幸福与颓废只在一念之间，只有吃得苦中苦才能成为人上人。

快乐的芯子

——谈快乐

李杭轩

当谈到快乐的时候，我们想谈些什么？

这是个可以说很大也可以说很小的问题。毕竟，快乐嘛，谁还没个高兴的时候呢？想要的书到了，被老师表扬了，食堂今天有馄饨……这些都很快乐。但我要问的是，深深潜藏在这些细小的、漂浮的、蜉蝣一样的快乐下面的所谓深层次的快乐，是什么？

人类，作为这个星球上已知发展出的最高级动物，拥有智慧、情感，掌握语言，使用工具，繁衍种族，代代相传，在基因的微小错误下发展出庞大的群体，就最基本的需求——饱腹来说，也是人的欲望被满足的、最直接也是最具体化的一种形式。随着口腹之欲的满足（也就是最基本的所谓快乐），人类开始追求更高层次的需求，比如精神需求。

抛开那一小撮士大夫群体，就拿老百姓来说，精神需求俗称吃饱了撑的。但老百姓也没有那么糙，从北宋的市民群体开始，市民文化就开启了它的壮大之旅。

市民文化实际上非常好玩，我曾搜到一条“北宋市民狂骂宰相”，更别提什么勾栏瓦肆了，那会其实就相当于地方娱乐中心，某些地方的草市就是CBD，吃喝玩乐一条龙，像杂剧、滑稽戏（类似于后世的小品）、说书、说诨话（类似于后世的相声）、歌舞、傀儡戏（木偶戏）、皮影戏、七圣法（魔术）、踢弄（杂技）、蹴鞠、相扑等节目都已经有了。老百姓好这口，麻辣鲜香咸，浓的烈的、红的紫的，热闹的、欢快的、喜庆的。

士大夫群体的精神需求，就更加清新脱俗一点，换言之，有刻意标新立异的嫌疑。举个例子，写《自为墓志铭》的张岱描述自己：少为纨绔子弟，极爱繁华，好精舍，好美婢，好娈童，好鲜衣，好美食，好骏马，好华灯，好烟火，好梨园，好鼓吹，好古董，好花鸟，兼以茶淫橘虐，书蠹诗魔，劳碌半生，皆为梦幻。年至五十，国破家亡，避迹山居。所存者，破床碎几，折鼎病琴，与残书数帙，缺砚一方而已。布衣蔬莨，常至断炊。回首二十年前，真如隔世……当然了，他并不典型，活得太开了，反而显得不是很像士大夫，但我们还是可以从中窥知一二，所谓的精神需求和物质需求的结合。

物质决定意识，马克思诚不我欺也。想要谈到比那两个需求还要深层的东西，还要从人类这个存在来谈。

我们不可能活 200 岁。人的一辈子太短了，如果在家里摆一座景观石，假设这石头有意识，它可能会想：“呀，出生了个人！”（假如它明白什么是出生）“呀，这人怎么死了。”举石头的例子就是想说，和这个星球上一块石头比，我们的生命都短得像一眨眼的事，更何况是这个宇宙呢。

所以我认为，最深层次的快乐是传承。就好比繁衍，虽然我对这个词有点反感，但从更为宏观的立场上来看，这是人类唯一试图并能够接近永恒的方式。代际传递，生命在某种意义上相续，像一条长河，奔流，且生生不息。孔子曾喟然叹曰：“逝者如斯夫！不舍昼夜。”我们能够留下来的不多，一条染色体、一本书、一种思想；而我所认为的最深层的快乐，就是人，人这一个体，在向永恒发起挑战，尽管渺茫。

用一句话结尾：We are all stardust.

【点评】

用唯物主义解释唯心主义，并且如此合理和流畅，足见作者的思维具有很深的哲理性，才思也具有很高的文学性。哲学思考指导人的思想和行动，从古至今诞生了很多哲学家也是如此的思考和总结，这正是人类进步的原动力——生命短暂，要成功，而且要快乐的成功。

柔软的钢铁

陈千秋

送给你，世上的无双佳人，新时代的女性——

女人，是水做的。柔时滋润沃野，呵护生灵；刚时水滴石穿，惊涛骇浪。你既可以温柔到春风桃花为你沉醉，亦可以铿锵到日月乾坤为你颠覆。这不是善变，而是人类最具灵性的一面，更是一位现代女性理智且诗意的一面。

有人说女性的解放程度是一个社会进步的标尺。每一位女性都是这个世界的母亲，都孕育着世界上唯一无法超越的伟大情感——母爱。从血乳交融到剧痛新生，你是一位天使，是生命起源的地方；从铿锵玫瑰到巾帼英雄，你也是一席风暴，是直顶云霄的高山。

人生来平等地分为男女两性。一方面，有的时代过于粗暴，单凭暴力建立了一性对另一性的专制与欺压，缠足如此，三从四德如此，某些地区的黑纱头巾、面巾亦是如此。单单强调了女性的娇柔与顺从，只把女性的贞洁当成价值，只把女性的作用定义于传宗接代、相夫教子，甚至在步入现代社会后，仍有人持有此般愚昧的观点。身在当代，心归腐朽，终不会对社会的发展做出什么积极的贡献。另一方面，有的时候过于偏激，“女汉子”潮流的“弄潮儿”们甚至提出声明：“男人对我来说是没用的，孩子我会养，钱我会挣，饭我会做，架我会打……”未免太过激进与不可一世，亦不会有益于社会的和谐。

女性的角色，多元而灵活。在这个不断革新与解放的时代，传统与激进并存的时代，新时代的女性走向舞台中央，扛起时代重担，优雅地独舞。随着腐朽落后的重男轻女传统消磨殆尽，而你，新时代的女性，有机会去挑战未知的领域、攀爬最高的巅峰；你，有力量冲破观念的禁锢，创造别人眼里的不可能，规划自己的无二人生；你，更有权利向世界向未来大声宣告：我是一名女性，幸福而自由的女性，开放且大气的女性，既可以柔如丝绸又可以硬如钢铁的女性。

所以，我可爱的女孩们，你身上宽容且温暖的特性是上天赐给你的第一份最好的礼物，请用心、用生命、用认真去对待你爱的和爱你的人，对待每一处美好与善意。“自私”“小心眼”“钩心斗角”将不再是女性的负面形象代名词，因为你我有大爱，这种爱囊括了整个世界。

你卓越的承受力与毅力则是上天赐给你的第二份最好的礼物，因为女性，温柔但不柔弱，坚韧但不易碎，你我将有一切勇气走下去、拼下去、赢下去。

柔软的钢铁，在新时代的光辉下，既会暖若阳春，也会锋芒毕露。

【点评】

文章歌颂女性柔美、博爱、坚强，也能正视女性存在的问题，正所谓发发乎情止乎礼。但全文主题不够鲜明，没有达到“形散神不散”的高度，如能从生活、学习、交友等方面，或从职业的角度，或从年龄的阶段，或从古到今，来完成“形散”，最终完成赞美“柔软的钢铁”之神不散的目的会更好。

梗梗梗梗，星河欲曙天

赵婕妤

语言是一种很玄的东西，让我们的生活因它的存在而更好。而流行的语言便是这个网络时代在大众生活中的痕迹，我们更喜欢叫它们“梗”。

从前，我会开各种弹幕、翻各种杂志、看所有八卦节目，奋斗努力成为梗梗王，朋友不懂的梗就问我，成就了我自以为除学习都会的虚假了不起的感受。自从上了高中，我离开了所有梗的出处，但我发现我也活得倍好。

我发现这些梗来去都太快，就像龙卷风，不信你再看，“现已加入肯德基豪华套餐”“叶良辰”“李杀神”“王诛魔”“刘斩仙”“赵日天”，这些陈皮老梗干巴巴地如灰似烬，让我感觉陌生得像小学时数学满分的试卷。它们好像噌地一下出现，又悄无声息地死掉，简直“以炸裂的速度退出人民群众的视野”。又是老梗，呵呵。

不过一些特殊意义的词永远不会过时，“新常态”准确道明了我们经济健康发展趋势，“正能量”永远以社会必需的身份出现在所有题中，而我总愿意用“666”来形容我的同桌，把“社会大姐”作为赵婕妤永远的代名词。

有丰富意蕴的表达永远是时代的精华，“青青子衿，悠悠我心”，成功表达了只有天上太阳和月亮才知道我对你日日夜夜无尽的思念。“妈妈的辛苦不让你看见，温暖的食谱在她心里面”则是周杰伦对母爱的不朽的诠释。彭于晏主演的《激战》中“怕，你就会输一辈子”的台词一直鼓励着我。

所以我的意思是，我们当然可以用各种梗来生动表达自己的感受，这是我们的自由及权利，然而同时我们也应重视对优秀传统文化的传承，对周围人的爱的真情表达。路上遇到认识的人我要说“哟，您好”来表达内心高兴，喜欢的人就对他说“想你”。

我才不会祝大家无论用不用梗都天天开心，因为，只要活着，就一定有高兴的事发生。

【点评】

以“梗”为代表的流行文化宣示的时代的风潮，时尚且日新月异，但要守护我们文化的根，仍要坚持中国传统文化的精华。就“梗”这一主题入文，针砭时事，主题新颖，但语言仍有待锤炼。

向理想主义者致敬

王文宇

这个世界上总有那么一群人，他们生活在理想之中，以此作为自己生活的动力和支柱。他们拥有自己的执念，会一而再再而三地“犯错”，直至巨大的外力导致崩塌，但仍固执如初，姑且称他们为理想主义者。

林黛玉便是这样一位执拗的理想主义者，率真刚烈。贾府是一个大熔炉，在严明的生存规则、自上而下的压力面前，所有人都学会了圆润隐忍，薛宝钗更是人情练达、炉火纯青，唯独她始终倔强地捍卫着她的棱角。初读时觉得她又痴又傻，这样的执拗，实在不值。

与这群人相对的，是一群明晓时事、应变自如的现实主义者。他们知道在这种情形下该做什么，不该做什么，如何增加自己的所得，如何减少自己的痛苦——他们知道什么是“明智”。而在现代人的眼里，后者才是“难得的聪明人”，是“会成功的人”。

我曾最喜欢这类人，十二钗中最喜宝钗，三国演义中独爱曹操。我也曾以为，成为纯熟的现实主义者是“成功”的唯一标准，甚至怀疑，在这如此现实的世界里，是否需要理想主义者的存在。

但随着年龄渐长、见闻略增，终发现我质疑中的荒谬之处——我忽视了“理想”的巨大力量。这里的“理想”更多的是一种远高于生存的追求，如善与美、正义与高洁……

理想主义者并非不现实，而是他们的现实立足于遥远的未来。

林黛玉所怀的理想，是一片澄澈清凉的净土，也只有贾宝玉能与之意相通。这份纯洁，放在当今也是不可得的奢求。人们总说“越读《红楼梦》，便越发看出林黛玉的可爱之处来”，这份可爱，便是世人对她作为大观园中鲜有的理想主义者的肯定。

鲁迅所怀的理想，是将沉睡的国人从铁房子中唤醒。他在黑暗岁月中的呐喊，当时看似力微势薄，却为国人永远地指出一条明亮的路，至今受用。

的确，理想主义者虽屡次在现实中碰壁，却因这份理想而表现出常人不可理解的坚持。他们的心也许满目疮痍，但仍顽强地搏动着，对周围所有的人都是种鼓舞。

世界也需要这些理想主义者，他们的目标看似高尚且不切实际，却代表永远美好的前方与未来。

若现实主义者是未来的铺路人，那理想主义者便是引路人。如车尔尼雪夫斯基言：“人的活动如果没有理想的鼓舞，就会变得空虚而渺小。”胸怀理想，过得此心光明，亦复何言。

【点评】

在如此现实的社会中参透理想与人生，语言平直、对比恰当地阐述自己的观点，给人以眼前一亮的感觉。林黛玉、鲁迅的理想正是芸芸众生于黑暗与现实中憧憬的理想；宝钗和曹操现实没错，他们立足现实会才能有未来。与每个人而言，理想之花当永存于心。

莫让行囊改变初心

申延童

岁月变迁，不仅电视、电脑等电子产品变薄再变薄，大学生的入学行囊也发生了变化。“标配”的出现，不仅反映了时代的进步，同时也会助长一些不正之风。

从稀罕之物“收音机”到“一机在手，天下全有”，从全家人围在一起看电视到为了抢那一分钱红包笑逐颜开，从带着干粮、咸菜到带着 iphone、iPad……时代的确进步了，但总感觉少了点什么。“标配”改变了大学生们。

时代发展的同时，似乎丢掉了些许温情。大学生的生活质量提高了，固然是好事，用来联系家人的手机、查阅资料的电脑在有条件的情况下配备是必需的，但上课时用来玩的手机、电脑还是算了吧！有多少人为了凑齐标配，不在同学面前丢脸，而向父母开口索要，可多少家庭，又仅仅能供一家之饱暖呀！

“时代变了，我们也该进步了”，“进步”不是指你手中的手机的进步，你的行囊的进步，而是精神境界的提升。倘若时代是一个尚学的时代，人人都是“低头族”，不是低头看手机，而是低头看书，标配还会发生变化吗？可能就是人手一本书呀！

标配的变化反映了人心的变化，人心浮躁起来，浮躁得似乎快要飞上云霄。的确，这是时代的推动。但若每个人都能坚守阵地，向它说“NO”，又怎会产生这样的变化？

从现在起，如果大学生的行囊里多了一本书，我相信，他们就会认识到世界的多彩，放下手中的标配，多去做一些有意义的事。

倘若大学校园里再多一些有意义的活动，我相信标配也会渐渐淡出。倘若有一个“阅读”或“锻炼”的全民活动，标配就会远离。

时代的确变了，但它的躁动不该使我们躁动，我们必须坚守内心最纯洁的圣土，渐渐地让更加有精神内涵的大学标配来陪伴我们，度过美好的时光。

莫让行囊改变你的初心，莫让发展掩埋你的志向，我们必须在发展的车轮中前进!

……………………………………………………………………………………

【点评】

作者谈了一个很普遍的现象，一个众人皆知的问题，并且站在大学生玩手机的这点来阐述，具有很强的说服力。但大学生的行囊不止手机，还有其他硬件和软件占据了学习的内存。手机也不是大学生的专利，也出现在社会的其他角落，有的有价值，有的有伤害——呼吁所有人，清一清垃圾，扩一扩内存，不忘初心，方得始终。

心若向阳，何惧黑夜

张哲鸣

一段再苦不堪言的岁月，也需要有所坚持，相信有所守候就会有所收获。成长路上的百般波折，终会化成惊喜的回馈；忧郁的日子终会过去，快乐的日子将会到来。心若向阳，何惧黑夜？

人的一生，像是一趟旅行，沿途有数不尽的泥泞坎坷，但也有看不完的春花秋月。若，我们的一颗心总被灰暗的风尘所覆盖，目光黯淡、心灵枯涸，我们的人生轨迹又怎会美好？年少的苦恼、青春的迷茫、生活的琐碎，总是让人莫名地烦忧，让我们觉得这还未走远的人生就是一场不可预测的苦难，仿佛每一步都会让人受伤。

若不在追寻梦的路上遇到波折受过伤，我是永远不会懂得失去的忧伤和得到的喜悦的。见过多少虚伪和冷漠，经历过多少颠沛流离，或许才会更加怀念当初简单的生活。放慢前行的步履，静下心，想想最初的最初，我们向往的或许仅仅只是一份简单的快乐。

内心有阳光，世界就是温暖的。我们虽然无法预知未来，但可以把握当下；我们虽然无法控制事情的发展，但可以尽力而为。许多事，经历过了，才能懂得；许多梦想，沉淀了，才能美好。能够真实地活着，活好每一个平凡的日子，这本身便是一种莫大的幸福。放开点，生活还是照样过；哭一哭，笑一笑，平凡岁月也精彩。

心向太阳，不会悲伤；心若向阳，不惧黑夜。凡人的歌要凡人唱，风雨阳光也要潇洒走一趟。掬一把阳光，整个太阳便在你的手心里，光芒万丈，温暖无限。

遇上苦闷莫彷徨，酸甜苦辣咸都要尝一尝；遇上坎坷要担当，珍惜幸福笑容比天长。当阴影来临之际，也就是自我沉潜、韬光养晦的时机。即使阴影仍在头顶上盘旋着不愿意离开，心有阳光的人也不会悲伤，因为在他们的内心深处还留有幸福的余温。福由心生，内心的幸福才是永远。生活本身是很简单的，幸福也很简单。我们在学习生活中，也得努力放下过多的沉重包袱，不为贪婪所诱惑，择精而担，量力而行，这样才能行至远方。

其实人生像是一杯无色透明的白开水，放入蜂蜜就是甜的，放入盐粒就是咸的，放入茶叶自然就会有一番苦涩的味道。心是苦的，天大地宽都不过苦海一片；心是甜的，人生处处都是曼妙的风景。

纵然生活不完美，也要经得起世事的颠簸，将人生的一切都根植于生活。相信所有的经历都是值得的，所有的努力都是有意义的，有所守候就会有所收获。

阴霾终是短暂的，雨后天会晴。

心若向阳，必生温暖；心若向阳，何惧黑夜？

【点评】

采取欲扬先抑的手法来论述主题，首尾呼应并采用反问的形式使文章感情更加强烈，文章中使用较多排比句以及比喻的手法更加直观强烈地感受到生活的“味道”。如果加入一些个人的小例子以及个人的小情绪则会显得感情更加真挚。

蓦然回首，我这十七年

李岩

花未央，少年还是那时模样，有些话说给以后的自己：现在的你也许变了，不过有些东西是内心深处的自己对你永远的期许，你一定要尽力做到，答应我！

童年似梦，一路欢歌

至今一想到我的童年，就觉得它是梦一场，太快，太短，太美。

我小时候就一个字：淘！用最韧的绳子，把老爷爷的门闩起来；雪白的衬衫被刚从树上摘下的桑葚染红；被秋千荡到泥坑里，一颠一跛走到家，哼着自己也听不懂的周杰伦的歌。那时候，妈妈知道我喜欢周杰伦，每天晚上让我听杰伦的《听妈妈的话》。这，就是我的童年模样。

少年初醒，为梦而行

梦醒时分，褪去童年的稚嫩，我一人离开家的港湾，踏上逐梦之旅。路上，我笑过、哭过、失败过，但从来没有放弃过。因为不想让家人期望的眼神落空，因为不想过一种一眼就望到头的生活。上初中前，爸爸每天催着我走；上高中开学一周后，他来看我，我一下课就跑过去，他瞬间眼泪决堤，哽咽着问我："你怎么知道我在这儿？"我说："因为我天天都到这儿来看你呀。"爸爸终于控制不住，哭出声来，只好换我安慰他。回家后奶奶对我说，爸爸去学校看我回来后偷偷流眼泪，还说："以后老李走到哪儿，我就跟到哪儿。"刹那间，我明白了责任，懂得了成长。我愿意为我的家人勇往直前，哪怕遍体鳞伤。

转角遇到你，未来

希望你永远不念过往、不惧将来。我知道你一路走来不容易，那就更不应该轻易放弃。勇敢地去吧，你不害怕，你很勇敢。永远爱他人，爱世界。世界有时会黑暗，但你要坚信晴天永远比雨天多，好人永远比坏人多，用最真诚的心去拥抱他人、拥抱世界。永远担负使命，绝不服输。你一定会遇见挫折，咬咬牙坚持下去就行了，想想你肩上承担着什么——家族的荣辱，民族的兴衰，为了这些，你不能倒下。记住，如果奇迹还有颜色，那一定是奋斗的色彩。

我会努力变成更好的自己，请你在未来的路口等着我，我们一起走向诗和远方。

【点评】

文章以总分的形式，开头引题，全文分三部分论述自己成长的阶段，内容充实、感情真挚。开头两段提到“梦”，如果能够将“梦”作为主线贯穿全文，则文章结构看起来就能更加紧密。结尾段落应该是对全文总结，情感可以更加高亢，升华主题。

做本色自我，张扬理性个性

兴运

人生的成功，不是外力所迫，而是自我辩证否定，是不断的改进与发展，是从一个阶段走向另一个阶段的过程。整个过程就是一个回归自我本性的过程。人生的成功是对人性美好的翻译、转录、表达，是每个人个性的理性表达。如同微积分中的夹逼定理，任何人都有自己的上界与下界。如果将上界比作人的美好本性，下界比作人性阴暗，当人处于上升阶段，便无限地趋近于上限，有机会便可以达到极限突破上界；当人走向人生的阴暗、走向消极，便是趋近于下限，结果便是自杀或自然死亡。

正如世上没有两片完全相同的树叶一样，每个人的资质与水平不同，但这是基因所致，不必感慨。你只需发挥耐心与毅力，对自己的薄弱点进行集中打击，回归本真，回归纯粹，一心向前，不惧困难。

每个人欲想突出，不是一味地吸收共性，而是将自己的个性理性表达出来。个性是每个人所独有的，显性表现便是有自己独特的方法、独特的处事方式、独特的思维体系。小到学习中强调转化为自己的东西，是个性在学习中的体现；大到国家制度中的中国特色社会主义，是个性在国家制度中的体现。人过留名，雁过留声，其必为个性的体现，否则人们怎么会记住你是何人、雁为哪只呢？但这又涉及理性与个性的结合，你若在旅游景点签上大名，便会被道德谴责，乃至被法律追责。不长眼的大雁在猎人出没处一曲雁鸣，必然是为自己奏响悲歌。

那么个性与理性的结合点又在哪里呢？结合点便是美好人性，知可为与不可为，明是非对错，对个人来说，便是将自己的命运与全人类命运结合。用自己独特的内在品格，为世界人民谋福，因为只有我们选择了为全人类的福利而奋斗的事业，我们才不会为它的重负所压倒。

【点评】

文章从多个方面对“理性”进行论述，使内容充沛，但可以从一个角度切入引用例子，充分支撑这一论点。

无题

李文博

《逍遥游》中有言："至人无己，神人无功，圣人无名。"之所以以《无题》为题，其一，搜遍脑海，也找不出能让我满意的名字，便随性而行，以《无题》为题，学一学蓬山青鸟寄相思的李商隐、千秋女皇武则天的无字碑；其二，我想说的东西很杂，也找不出一根贯穿始终的线，只觉得无题为佳。

丹青第一

我知道，以此为开头，最俗套不过，但是，正如"个人、社会、国家"的议论文死循环，虽然想着下次不这么写，但下次写文章的时候还是会手痒。和很多人一样，我最喜欢的，是书法；可和很多人也不太一样，我从10岁到现在，这爱好一直融在我的血脉里，从未离开。

小学的时候，我便被母亲送进了书法班。我的第一个师傅是个仙风道骨的老爷子。他家的院子很小，但是照壁前种着翠竹丛丛。在屋内练字时，总有被竹叶削割却仍旧圆滑的片片阳光洒落在宣纸上，屋子里的毛毡上全是被撕成一页页的字帖，满屋墨香，伴着毛笔落在宣纸上沙沙的声音，一个个周日的下午便在这种声音中度过。

老爷子让我记忆深刻，因为他让我连着写了一周的"一"字，写到手抖没脾气了，老爷子才说了句："这孩子的性子需要打磨，现在差不多了，可以写字了。"现在想来，怕也是得益于此，我的性子多了一份沉稳。

我的第二个师傅，也很仙风道骨，是个很和善的大叔。但是在我把"赠人玫瑰，手有余香"倒着念的时候，他的表情似乎有了一丝裂纹。彼时的我刚上初中，十分顽劣，师傅教我欧体，我却练成了柳体的飘逸，更带着几分稚子的不成体统，时常把他气得跳脚。他盯着我，我规规矩矩；他转身，我就和身旁的小伙伴在宣纸的背面画起了兔子。如今宣纸早已经不知在何处落灰，但是，我握笔时不经意地回笔勾勒，总能让我回想起那段已经消逝在烟尘中的时光，那段静静的、不够虔诚的日子。

挚友第二

对我来说，邻居有个挚友，是件很幸运的事，虽然她生病被我背着时我的内心生无可恋。小姑娘略胖，有酒窝，笑起来很好看。放长假的时候，我俩总会找个时间，在她家楼下的小店要冰激凌和炸鸡这两种女孩子大忌的食品，点上整整一桌，然后全部吃光，并且嘲笑对方在吃这一方面越来越像猪了。

还记得过去我总抱怨她笨，剪个头发剪成不可描述的样子，好不容易兴致大发做个手工头饰，结果被针扎得嗷嗷叫。于是我修炼成了仿若老妈子的手艺和唠叨的本事，一边抱怨一边把她的头发修整齐，三下五除二把头饰的布料缝合。她则在一旁喂我吃东西，试图让我少说话。

还记得高一的中秋节，学校没有放假，我心怀忐忑，按下她的电话号码。已经数月未见，那天明月皎洁，我们却都泣不成声……最后，她说了一句让我刻骨铭心的话："既然现在都在为将来而努力，不能经常见面，那么就考到一个城市去吧！"

事实上，我十分期待着一年无间淬炼后，我们能相逢在那座长江边的城市，落花时节又逢君。

朝露第三

打个不恰当的比方，人生就像进度条，没有后退与重播，总会走到尽头，就像朝露总会在正午前蒸发干净。人生没有彩排，我们的每一天都是活着，愣神的时候总会顺便思考一下人生的哲学，回神时全部忘掉，继续眼下的事情。

有人喜欢"少年、鲜衣、怒马"，我却更爱"黑衫、笛声、人间"，不张扬却不死寂，一袭黑衫过江南，任他三千浮尘、十世人皇。既然身如朝露，为何不能一发少年狂，也是不负年少。

譬如朝露，去日苦多。

虽为朝露，志似沧海。
一朝风起，扶摇万里。
身在无间，心在桃源。
忘羡曲远，千灯一愿。
少年自狂，一试锋芒。

活，或许会像蜉蝣、朝菌、蟪蛄和朝露一样平凡短暂甚至卑微，但是，我们的精神不贫穷，亦能够为心之所向、心之所爱所向披靡。

或许，有一天我们会发现自己眼角皱纹的沧桑、声音中透着苍老，但是想起少年的自己，仍会怀念一笑。

【点评】

文章文笔流畅、引用合理、语言优美，感情表达也很到位。全文呈现出一个随性、洒脱、自由的人物形象。

时光在成长，青春在路上

陈雪

每一段时光，都有一些歌，来封锁年月的愁绪。当我们还在唱“等待着下课，等待着放学，等待游戏的童年”的时候，罗大佑老了，童年不再了；当《那些年，我们一起追的女孩》的电视主题曲旋律“那些年错过的大雨，那些年错过的爱情，好想拥抱你，拥抱错过的勇气……”响起，这些柔软的歌词亲吻我们年轻的耳膜，我们就这样走进了青春的过场。

时常想，我们会以一种什么样的方式长大呢？

这是多么严肃且让人深思的问题啊！记得曾经看过一个问题，对我触动很深：十年前，你许愿想要成为的人，现在实现了吗？

十年，是一个怎样的概念？现在的我们十七八岁，还没有太多的十年去回忆，但总有一些过往，在我们身上留下了痕迹。

记得初三时曾在一本杂志的插页见过一幅插画，画面上，北欧的湿润空气，氤氲着薄薄的雾霭，广阔的坡地铺展开来，洁净嫩绿的色块几乎占据了一半画面。远处是村庄，红顶房子参差不齐地错落着；挺拔的灰色树木，稀疏的树叶相互交错。初春的时节，一切都还是鲜活初醒的景致。当时我对作者本人所属流派、作画风格尚一无所知，只觉得这样生机勃勃的画面很感人，非常喜欢，于是用小刀从书页上划下来，贴在左手边的墙上。轮到换位子时，舍不得它，于是又用小刀小心翼翼地划下来，夹在地理课本里。直到今天，它辗转夹在我的日记本里，虽然有点破损，但仍然在。

——距今两年。

年纪渐长，越容易怀旧。记忆总是固执地定格在那段岁月里，不愿抽离。初中时的校服可真难看啊，白底蓝条，背上印着长长的校名。我和她骑着自行车飞奔在县城的大街小巷，车轮随着脚镫子的起伏吱吱嘎嘎乱响。我顶着一头乱发，和她结伴奔向破旧的书店。那些书店如今已了无踪迹，但我仍能记起她抱着一摞书在门口傻笑的样子。印象里有吱吱嘎嘎的车轮、白底蓝条的宽大校服，以及未知的明天。然而，今夕何夕，青草离离。

未曾想过时光会走到这样一个岔路口。我和她提着行李迈上了不同的火车，奔向相反的方向。她去了石家庄，我来到了衡水。梦醒人间看微雨，当我走出桃源，才发现，四海浮冰，这是多么冰冷淋漓的跌宕起伏。原来人生，曲折荆棘。

——距今一年半。

十年匆匆，两眼茫茫。你将要从怎样的人，变成怎样的人？

年少的自己，总会把自尊捧得高高的，脾气还很犟，电脑里少不了音乐和电影。银临知道吗？河图呢？没看过《左耳》，《致青春》总看过吧？摇头否认的人，便在心里把他们的名字统统画上大大的红叉，定义为“毫无品位”，再也不会同他们说一句话；很少懂得关心他人，被吐槽情商低，生活里偶尔有女生之间的小秘密，不理想的试卷分数以及不断为之努力而拼搏奋斗的美好大学。

现在呢，偶尔被妈妈夸赞懂事，慢慢学会同不喜欢的人说话，学会笑，学会与不熟悉的人愉快交谈。懂得无论发生怎样的变故，都尽量不影响生活规律，依然按时吃饭、按时睡觉，不在流眼泪的时候做任何决定，情绪负面的时候也说最少的话以免影响到别人，心里始终有底线。

如果从现在起给你十年的时间，你想要成为的人，你能记得吗？

无论怎样叛逆的你，怎样想要躲避成长的你，最终也会脱去身上的壳和刺，蜕变成懂得担当的大人。如果依旧坚持彼得·潘的梦想，依旧逃避所有，依旧唤自己为小孩子，不是显得很可笑吗——什么年纪做什么事，本就是该有的成长状态。

所以，如辛夷坞所说，青春是不朽的。它终将逝去，却远未逝去，像读不完的书，流不完的血，一直给你温暖和力量。如果你善待它，懂得感恩和回报，它会在你认为的人生的每一个死胡同前笑眯眯地等你，拿出每一把钥匙，就像拿出你小时候期待已久的糖果。

唯美的青春都是逆光的，因为，逆光的青春让我们懂得，成长终究是一笔财富，无关伤害，那些走过的人、发生的事，都值得我们记得和怀念。

我们会以一种什么样的方式长大呢？青春正当时，何必拿来思考这样的问题。

亲爱的，时光在成长，青春在路上，那就好好爱，爱这唯美的青春……

【点评】

文章从一个正值青春年少的人的角度阐述了对青春的理解，热情昂扬也懵懂稚气，字里行间确是青春的气息。

一字一思君

刘天钰

微信、QQ、微博……各种 APP 媒体让我们可以享受便捷的即时通信，通过各种表情包和语音更加鲜活地表达自己的情感。这些信息时代的标志正在改变着我们的生活，带来更加智能的体验。但在我看来，科技的发展也会让我们慢慢丢失写一封信的真挚情谊，淡忘了那份穿越千山万水、阅尽风尘只为你而来的等待。

钟情

张岱在自己的墓志铭中写道：少为纨绔子弟，极爱繁华，好精舍，好美婢，好娈童，好鲜衣，好美食，好骏马，好华灯，好烟火，好梨园，好鼓吹，好古董，好花鸟……今之众人的生活也可以概括为“好微博，好 QQ，好微信，好动漫，好斗图，好快手，好 B 站，好贴吧，好手游……”各有不同，但都是因为内心深处的热爱而沉溺其中。譬如明信片之于我，就是一份难以割舍的挚爱。

高中之前我一直走读，每天傍晚推车进入楼道，太阳的余晖照射在墙壁的铁皮箱子上，同中国千千万万楼道口的墨绿色信箱一样，投射下一片铺陈渲染的阴影。这其中也有我的信箱，普普通通却又特立独行。当钥匙插进锁孔，伴随着铜锈沉钝的“咔嗒”声，迎接我的是一树繁花。或多或少，期许从不会落空，而最令人期待的还在后面：它可能来自天府之国，拨开巴蜀的迷雾，带来了麻辣鲜香，略带晕染的笔迹，是途中一片云的馈赠；它或许来自遥远的东北雪乡，承载着凛冽的寒风和东北人特有的豪情，讲述白山黑水的风光，些许凉意，是北风携带的霜雪的呢喃。每一张明信片都承载了一个故事，无论是内容还是上面的旅程痕迹，都值得细细阅览。每每读后就想自己重走那一条邮路，再走进他（她）的生活，体味寻常或不平凡的事。

陌生

我曾钟情于一个组织，POSTCROING。当我寄出一张明信片时，也会有一份独一无二的情谊诞生。它来自世界另一个角落，在你的夜晚、他（她）的白昼写下，用不同的语言看他（她）的国家和眼中的世界。PC联系的是未知，是与我生活截然不同的陌生人，或许这一生都无法相见，却被一张薄薄纸片连接，不得不说是一份惊喜吧。它可以是德国大爷寄来的一包邮票，20世纪70年代的邮戳隐藏了许多过往；也可能是乌克兰小姐姐精心准备的茶包，冲开后弥漫的是战斗民族最爱的豪气……哪怕是一句简单的道谢，虽是微小却鲜活地存在着，带着陌生人的善意，不失温情地点亮一整天。

上了衡中之后，我的账号动态停留在2016年夏天，PC给予我的欢喜记忆，就如同每一场终将退场的潮水，在未来十年、二十年后，当我忙碌着忘记了年少的喜好，再也不会重启它。但海水留下的印记，是难以割舍的永恒记忆。

岁月

不知你是否听说过时光邮局，它风靡厦门的大街小巷，以自己之名写给未来。一个月、一年、十年都可以，只需等待未来的某一刻打开尘封的过去的自己。我一向认为每一个人都在不断否定中成长，正如高中的我们会嘲笑小学幼稚的字体、初中傻白甜的人际关系。那么以后呢？大学、工作后会成熟许多、圆润许多。如果不想忘记过去的模样，那么趁现在写一封信、一张明信片吧，用16岁的经历与青年、成年、老年的自己对话，始终保持着不忘初心的赤诚。或许最有幸的事情莫过于收到过去的只言片语，惊喜地发现自己成为期许的、不那么讨厌的模样。

终了

我说这么多，并非是宣扬自己有些不务正业的喜好，而是想表达一个观点：无论这个世界多么复杂，人心多么浮躁，你都值得一份等待。同样，无论有多忙，都应该留下些时间放空自己，提笔写下些什么，对自己、对父母、对友人都好，重拾斟词酌句的小心翼翼，留下一字一思君的长情。

……

【点评】

在这样一个信息爆炸的时代，写一封信的真挚情谊不会淡漠更不会丢失，只会被这样的时代反衬得更加耀眼夺目。这也并非是什么不务正业的喜好，这是你与这世界对话的方式。另外，等待永远是一个美妙的词。

听风吹

艾琬柠

狼烟荒漠，塞外马蹄踏星辰；弱水细柳，江南桃花笑红尘。

塞外苍茫，八月飞雪，腊月已结满百丈寒冰。大雁南去，只留下斑驳萧条的孤城。直烟扶摇而起，干冷的空气中氤氲着亘古而来的缥缈悲歌，想必此时江南定是细雪纷纷。

我拎着酒壶，孤自倚栏杆，浊酒入口，直颤得我肝肠寸断！北风怒号，让我心中无声的呜咽显得格外悲切，万里遥隔家乡，到底哪里才是我的归宿！

随手拨动琵琶弦，似乎又见你当年镜前梳头，弹一首满花春秀，却是寒冬，我月下醉酒。泪洒枯枝，年复一年，是谁白发留，满眼荒凉，如何倾诉这哀愁！

眼前渐欲朦胧，风也不刮人了，只是仍旧出声，我却听不真切它在说些什么。翻身上马，“嘚嘚”的蹄声湮没了一切思绪。抬头遥望着满天星辰，幽微难言！

静静地躺在冰凉的草原上，空！空得只剩北风行！风吹得我一个寒战，也许是吹得我清醒了，也许醉得更深，细细想来，初心未变。

远处一片踊跃似铁脊的巨山燕然，无数次对我声声呼唤。男儿志在建功卫国、名垂青史，只是忘不掉江南你弱水细柳般的温柔。

北风行，愿你将我愁思吹往江南，却蓦然发现，也许那春般的轻抚一直在身边。醒是征战四方的铮铮儿郎，醉是留恋江南的郁郁书生。纵使此刻不能得兼所愿，唯愿在梦中红尘深处，约一程时光，等你，踏歌而来！

狼烟荒漠，塞外马蹄踏星辰；弱水细柳，江南桃花笑红尘！

……………………………………………………………………

【点评】

吹在身上的是塞外的劲风，吹在心上的是江南的和风。整篇文章一气呵成，字里行间透露出的既有塞北的豪情又有江南的柔情。

他们的期待

孙艳平

人活一世，草木一秋。

好不容易上苍给了我们生命，我们为什么不能做自己想做的事情，却总是被一些东西束缚着手脚呢？人活在这个世界上，到头来赚到了什么？带走了什么？

舍不得吃，舍不得穿，舍不得花钱，舍不得浪费时间，最后还不都不是自己的吗，最后不还都没什么用吗？有时候我总想活得洒脱一点，却总是被一些东西束缚着。

有人活了一万天，也有人活了一天重复了一万次。我的每天都过得平淡无奇，每天都一样，各种原因牵制着我，影响我情绪的因素太多，高兴起来太难，梦想太远了，努力太没用了。有时候我觉得这个世界黯然失色，没什么意思。我羡慕那些在夹缝中生存却依然乐观的人。有时候我会觉得这个世界不公平，有时候我会渴望得到更多的东西，有时候我会期待很多，实现的却很少。

你看过《阿甘正传》吗？正常人的智商为 80，主人公阿甘智商只有 75。他从小就被人欺负，为了不被打，他每次都赶紧跑，这使他最后成了跑步最快的人。他因为这个特长入伍当兵，在人生道路上一直奔跑，干了很多别人眼中不可能的事情，从一个别人眼中的傻子成为百万富翁。对于成功来说，智商只是冰山一角，还有大片的冰山潜在海面下，你不用因为觉得自己笨就觉得自己成功不了，成功的重要因素之一是执着追求的意志力。

我有自己的梦想，也背负了许多人的希望。

世上的活法绝不止一条，人生百态，每个人应该有属于自己的道路。不同的活法，不同的人生，才构成了我们绚烂夺目的世界。人的一生本来就充满无数的可能，每一时每一刻都有无数条道路等着我们去选择：你想成为怎样的人，是温柔的、帮助他人的，还是坚强的、叛逆的……有了这个目标，并追寻心中的那个自己，不断努力、不断锤炼，自己打磨自己，成为自己想成为的那个人，这就是人穷极一生的目标。说了那么多，我只想说，不论你怎么选择都没有错，世上也绝不存在笨这个说法，人只要肯为了心中的目标付出一切，就能逐渐接近自己心目中的目标，不管选择怎样的道路，请至少为达到那个目标付出努力与思考。

一个群体本身就是有等级之分的，而等级之分并不是说谁的身份更高，只不过是谁做的事情更有意义和价值。不管什么样的事情，大事还是小事，只要是做得好就一定是成功的。努力并没有错，努力只不过是想让自己拥有更好的，努力不一定会成功，但是不努力一定不会成功。

虽然我知道自己此时的人生经验就像张白纸一样纯粹，但正因为是一张白纸，所以前途才充满了无限可能。此处安心是吾乡，现在的空白是最好的开始。

我们都被太多外来的期待所绑架，那些声音告诉我们：你还不够好，你不够努力，你不够完美。可是，人生本来就是有遗憾的，哪怕是我们的父母，他们也未必过上了自己想要的生活。

他们的初心或许是好的，他们希望我们别像他们一样一辈子碌碌无为，可是这才是人生啊，人生就得尝些苦头，不曾混杂苦味的人生连被回忆的资格都没有。

所以，做你自己想做的，做回曾经那个不够完美却不曾停止努力的你。毕竟，接下来的人生，还得你自己慢慢去走。

……………………………………………………………………………

【点评】

文章立意明确，但表达可以再充分一些，选择具有一定叙写价值的事件让潜含的有利于自身观点的道理体现出来，以此丰富、充实自己的表达。全文尽管有迷茫与不解，但是作者的心态还是积极阳光的。

泛爱

李哲玮

我是一个泛爱的人，我的友人常常这样评价我。说实话，我对于泛爱的了解十分浅薄，前些日子上百度百科查词条，关于泛爱的介绍数来数去也就那么几条，大意不过是说人博爱，自我感觉这是十分符合的。

第一次意识到自己是个泛爱的人，是在初中离中考还有 100 天的时候。老师要求每个人写一句激励自己的话贴在桌子上，当时的我并未多想，只是翻着手边的书，想找一句又好听又矫情的话彰显一下自己的“博学多才”，恰巧看到一句话：“每个人都是在生活路上拼尽全力奔跑的人，每个人都需要他人的鼓励，如果可以，我愿意做那个在路边鼓掌的人。”那本书后来在一次考试后弄丢了，那句话却一直留在我心里。

是啊，每个人都在属于他们自己的路上尽力奔跑，在遇到坎坷和挫折时难过哭泣，在离开家时彷徨。如果可以，当我们相识，我希望我可以给你一个肩膀、一个拥抱。

我就以“美”这个话题展开我对于泛爱的理解吧！美无所不在，我有一双善于发现美的眼睛，类似于后桌同学的字体、跑操时小姑娘的发辫、地理课代表讲题的样子……在我眼里都有些独特的美。是的，我喜欢晴天湛蓝的天空上飘着的云和耀眼的红日，喜欢下雨时清新的空气和走路时溅起的水花，喜欢跑操时穿过教学楼前的花坛看那几树桃花，喜欢在下课铃响起时跟着哼唱，喜欢每一个和小姑娘一起比心的课间……生活是不缺乏美的。记得看到过这样一段话：“要我说女孩子呀，各有各的漂亮法。有的眉目清冷，像是一整季的雪水都融在了她的眼睛里。有的酒窝甜蜜，她笑一笑漫山遍野的风声都要消息。有的天生软绵，你朝她挨过去，像碰着了一团云。有的发汗时竟能生出浅浅的香气，散在天地间顿觉云销雨霁。如何不漂亮呢？她若是瘦，你便看她伸懒腰时优雅得像天鹅抻颈。她若丰盈，你便看她日光底下肌肤亮起时有多绮丽。她若生斑，你便赞她漂亮得发光上帝这才在她的眼角鼻翼投下了淡淡的影。她若佝偻，你便赞她小小只多秀气刚刚好搂在怀里。”以此类推，见到的一切便可是你爱的、你所欣赏的，这便是我对于“泛爱”二字再浅薄不过的理解。

我一直深信不疑的一件事，也是我一直在坚持去做的一件事——做每个身边人最忠实的支持者和拥护者。我希望每个人都能够相信自己，如若不能，那我想做的，是成为那个始终相信你的人。

有一篇英语阅读题讲的是给予者和索取者，我想，我可能是个99%的给予者，而想要索取的，不过你的一个微笑、一个释怀。

未来路上，请坚定地走下去，你看花在笑、溪在流，而我在为你鼓掌。

【点评】

文章语言优美，尤其是排比句运用得恰到好处，使文章的节奏更和谐，同时为文章增添了不少色彩，可以看出作者是一个温柔细腻的人。从文章中可以看出“泛爱”这一主题，但是作者还可以把文章中的引用再次向主题靠拢，如此便可更上一层楼。

心路

王笑纯

岁月荏苒，不管当初怎样不甘、失落、抱怨、自责，都已如烟般飞过，化作天边流云，留下的只是短暂的心酸与随之而来的动力。

良药苦口：不论老师说的话有多重，让你变得更好是老师的初衷。

宠辱不惊：一切风浪，都是为了三年后的绽放。

少些抱怨：当你对这个世界微笑，它也会对你微笑。

捡拾感动：事物的本身是不变的，变的是人的感觉。

道出感谢：珍惜身边的同学与老师。

懂得等待：宇宙中的万物，越是高等、优秀，它们成熟的时间就来得越迟。还记得毛竹吗？

不忘初心：一艘船如果没有压舱物，便不会稳定地前进，也不能朝着目的地一直前进。

抓紧时间：平庸的人关心怎样耗费时间，有才能的人竭力利用时间。我们别无选择，三年很短，如果不是你榨尽了时间，那么只能是时间从你身上狠狠碾轧过去。

我们的生活样式，就像一幅油画，从近看，看不出所以然来，要欣赏它的美，就非得站远一点不可。

现在想一想，儿时白蔷薇与蒲公英满天的春天，合欢溢出粉色的初夏，以后注定也会有秋露冬雪。

我常常想，以后的我会在哪里，你们又会变成什么样子；我们在哪里，我们去哪里。那次放假回家，于雨夜的公园，我独自撑着伞，看湖面上的倒影，霓虹灯的炫彩撕裂阴暗的水面，留下片片彩虹的波。洋槐洒下细碎花纹般的影，也洒下朵朵小花，黏在路面的水中。现在没有行人了，它们暂时避免了被碾成泥。雨水洇进了眼眶，模糊了路面煞白的反光；对面的绿灯亮了，在槐树昏暗的投影下显得格外扎眼。下个路口左转右转，我们终会分离。

有人说这生命如河，我们度的风波是人世间最寻常的颠簸。当你多年后闭上双眼，恍然又回到这段年华，一幕幕画面在脑海重现，你会因为自己的努力而微笑吗？

三年很短，如今我们已走过一半，回想走过的点滴，你还能清清楚楚地想起每件小事吗？但印象最深的一定还是你最忙碌、最充实的那一段，也许这就是生活本来的样子——当你全心投入，它也会以最明晰的目光投向你，告诉你时间流逝不可怕。

不管有过多少失败，流过多少泪、多少血，我们仍然可以骄傲地说："纵使前路荆棘遍布，我们也依旧勇往直前！"这是每一个衡中人的傲骨，更是我们不败的荣耀！

愿你多年后回望路途，庆幸你自己有那一份勇气与坚韧，带你走向了属于你的远方。

风月来接沧海相迎，云峰渐开灼花吐香，你抚鬓微笑，道一声无悔无憾！

【点评】

文笔流畅优美，结构层次掌握得很好，内容一气呵成，发人深省。读完这篇文章可能只需要两分钟，但是留下的思考却令人掩卷沉思、回味无穷。

我是一棵树

刘鸿琳

我是一棵树
住在森林深处
清晨的云雾轻抚
也有温顺的小鹿在我身下住

我是一棵树
生在大海尽头
清新的海风吹拂
也能感受金色沙滩的温度

我是一棵树
心里却装着一片海
我那望眼欲穿的眼中
是一片彩色的珊瑚

我是一棵树
心心念念的
是一条路
名字叫作归途

在我的梦中
灰尘是美丽的星子

鸟儿都有晶莹的眸
每一阵风都有自己的去处

我多希望每个梦都是种子
在来年春天化作家门前的树
我铺好一片梦醒后泪湿润的土
等待梦中一条开满
栀子花的归途

【点评】

等待梦醒来花开的那一天，用一棵树来比喻自己，将自然的生命力化进自己的诗中，意境优美。

千帆过尽，少年不悔

张凤智

画少年几人，悠远清宁，挑亮一盏月光般的灯，徐徐前行，跌跌撞撞却不悔来时幽径。画少年几人，水绿而潺潺，木秀而繁阴，山蔚而傲然，谷深而幽幽，都不及他们眼睛泛起的深邃眸光。

我们就是这样的一群少年，似乎这样称呼着，便永远不会老去。

青春的天空，值得我们向往。一群少年在时光荏苒中走过，留下的是清风满怀、朝阳灿灿。也许，内心中对未来有些未知与迷茫，但脚下踏过的土地是坚硬的、踏实的。少年的青春岁月，勇往直前!

清晨，奔跑。犹如星子微微闪烁，少年们奔跑在厚重的大地上，一步一步，感受着风在身边驰骋，竭尽全力。待到终点，屈着腿微微呼吸，感受着身体的畅快淋漓，看着汗水流淌的方向，跑了好远好远。

抬头仰望，拂晓的天空总是微笑，墨蓝色的天空像水晶，在很美的地方。吸一口气，满是雾霾与试卷油墨的沁人气息，放空的大脑微微觉醒，暗自为自己鼓劲。新的一天，加油!

中午，开心。有美味香甜的饭菜，有略带寒气却温馨的小床。少年们摸一摸令人安心的肚子，随便闲聊几句，时而开心大笑，都是最自然的模样。宿舍铃声响起，少年们依旧淡然，踏着尾音躺在床上，话语声回荡在耳边，欢快声似乎接连不断。

时间虽然短暂，却能使少年们把上午的烦恼忘却，留下愉悦心情，开启下午的大门。

午后，思考。有云朵泛红摇摆，抬起头望着蓝白红三色任意交汇。第一节课，或许还有些困顿与惺忪。听着老师在台上指点江山，少年的眼中仅留下了老师的身影。在抬头与低头之间，等来了下课铃声，心里有些小郁闷。看看桌上写下的话语，打起精神，迎接下一节课的到来。

待到火红的太阳把半边天燃尽，少年仿佛融在其中，羽化登仙。静静地眺望着窗外的神奇瑰丽，一丝念头便生出：岁月流逝，多年以后，我们是否也会这样灿烂？现在不想知道答案，人生还等着我们去挖掘、去探索。少年的路还有很长、很长……

夜晚，宁静。有灯光星点明亮，夜色如墨，少年们或以冲刺的速度奔回宿舍，寻求片刻的安歇，或闲庭漫步与朋友一同欣赏阴晴圆缺的月亮，诉说着今天的逸闻趣事。宿舍里早已叽叽喳喳，还夹杂着一两声惊呼，和深夜探讨，一直延续，把整个空间都填满了温馨。

时间悄悄溜走，屋内一片漆黑，楼道里的灯光明明灭灭，少年们一时难以入眠，细数着宿管来来去去的身影，恍惚之间进入梦乡。

时光荏苒，岁月流逝，少年们从喧嚣归为平静，从浮夸放纵转而自觉沉稳。即使偶尔有人来打扰，亦是宁静相待、了然欢欣。

少年们都经风吹雨淋，在千山万水中颠簸，曾伤痕累累、锈迹斑斑，可内心依然干净温婉、不惧风霜，经年经事气韵犹存，不沧桑，不颓靡。

【点评】

作者以一天中的时间为轴，记述了早操、午饭、课堂、晚休这样几件小事。再普通不过的事情，在作者的笔下却增添了几分诗意和温馨，十分细腻的笔触，写出了青春该有的模样。读完之后，让人感受到少年们的无限希望。

时光老去，难磨青春永恒

安科宇

《老男孩》中唱道：“生活像一把无情刻刀，改变了我们模样。”时间的转轮仿佛从没有停止过转动，春去春来，花开花败，我们寻着时光的足迹越走越远。蓦然回首，青春的容颜已经老去，多少的风流云散也都随着岁月的流逝化为乌有。

虽然我们和时光一同老去，容颜与岁月一起凋零，但那承载着青春记忆的心，却永远不曾老去。

花开如梦，愿青春依旧

有人说，岁月如白马，而马上的那个人便是月光。有白马的风度翩翩，抑或有月光的皎皎动人，是青春依旧还是老却浮沉，谁又能否认青春中不曾有过月光下、白马上的那个人呢？青春中多少的轻狂、多少的猖狂，不是为了那个人呢？明明知道落花虽有意，流水尚无情，明明知道最终的结局并非如此，但亦倾心一场，覆水难收，这便是青春。多年之后，乍然相逢，恍如隔世，那是江南的春天，落花依旧，流水无情，笑看人世离合沧桑。青春已在岁月中静淌，但那少年的心，依旧炽热如初。

岁月如歌，愿仍旧少年

曾经在一起，谈天说地，许下过不离不弃的诺言，如今虽早已风飘云散，但是我们都不曾忘记过年少轻狂：是篮球场上的你死我活，也是宿舍中的缠缠绵绵；有过荡气回肠的父子局，但转眼过后也只是兄弟情谊；曾经一起谈论过的姑娘，如今也早已成为过眼云烟；有过读报机前你死我活的较量，也有过食堂里的生死时速；虽然我们没有互相喂过泡面，但也一起吃过一根百奇。这就是青春，我们所经历的，都是人生中最美好的那段时光……

有人曾说，青春的友情是最难忘怀的。无论日后我们身居何方，记忆中，那群白衣少年，他们一直都在，从未老去。

青春仿佛永远是个谜，只有过去，才开始怀念。在时光的流逝中，我看到少年老去，我看到红颜凋零，我看到盛世倾颓，春光不再。但这些的曾经，就是我们的青春。

像《时间煮雨》中说的“我们说好不分离，要一直一直在一起”，但仍旧像《致青春》中一样，哭了笑了，痛了叫了，青春离奇。

我们也曾一同仰望星空，也曾一同畅想过未来。但随着风的消逝，我们都渐渐老去。青春的记忆从未褪色，唯有青春，才容得下人心自在，承得住繁花似锦，看得了盛世辉煌。

……………………………………………………………………

【点评】

大概是青春美好却短暂易逝，十七岁的雨季，总是喜欢怀念。从作者的笔下可以深切感受到这个年龄的少年对爱情的懵懂，对友情的热烈，对未来的些许迷茫。作者笔触细腻，语言真实感人，使人仿佛看到了十七岁的自己，看到了青春的模样。

不忆过往，不畏将来

于露甜

第一眼看到这个题目，大家可能会以为我又准备了一碗浓浓的鸡汤，其实并没有，也并非无病呻吟，而是想结合自己为数不多的经历对这个文艺的题目做个诠释。

过去篇

其实这是第二次用这个题目了，上一次是以它为题给以前的小伙伴写了一封信。记得那时候刚分班，自己颇有自豪感，因为学号晋升了，新征程要开始了。于是乎，我信心满满、洋洋洒洒地写下一篇记——大吐苦水后又吹嘘自己进步多少现在有多能耐的“官样文章”。或许当时在他们看来并没有那么不堪，但现在自己重新审视一番，似乎是这样。

新班级里，满载一苇信心，想要成为更出众的那一个。然而现实总是不遂人愿，每一次的成绩如飓风，如怒涛，呼啸着席卷而来。我这只小船在暴风雨中飘摇不定，所谓的信心也在不知不觉中被掀翻，慢慢、默默，悄无声息，沉入海底。

开始我不以为然，只是不断安慰自己：“没关系，之前不是经历过的吗？不是不断跌倒，又不断爬起，才爬到这里的吗？我只是需要调整，我会变好的。”我风卷残云般扫荡早饭，我努力让生活被学习塞满。“我会变好的。”我心里这样想着，然而只是更清楚地听到美梦破碎的声音。

无数个夜晚，无数次、反反复复地，我问着自己同样的问题：

——你变了吗？

——不，我明明和以前一样那般坚持着。可为什么结果未曾因我的努力而有丝毫改变呢？那，又是什么在改变呢？

——你怀念过去吗？

——是，我怀念过去。说什么“不忆过往，不畏将来”，其实心里还是盼望着能够回到过去。

——那么你又怀念过去的什么呢？

答案清清楚楚摆在那里：时间在流淌，你在变。你所怀念的，只是“辉煌”二字罢了。

现在篇

就这样，我在浑浑噩噩中度过一天又一天，又在浑浑噩噩中不断调整自己，让自己醒来，不断用各种烂大街的激励话，让自己依旧有一份走下去的勇气，也逐渐明白，沉湎过去并无任何意义。现在的我，仍然是一根筋，可也并非毫无目的地固执与坚持。慢慢地，我看清了自己真正想要的，并甘愿为之继续付出不懈的努力。

从 59 名排名的谷底奋起，到 35 名的山腰处，再经历 42 名的退却，一鼓作气般冲到 15 名，这便是所谓“事物的发展是前进性与曲折性的统一”吧。既然事物发展的总趋势是前进的上升的，又何惧眼前的一点风吹雨打呢？

将来篇

有一天晚上躺在床上突发奇想，心血来潮给自己规划了人生三大终极目标：学好英语，见到男神，去威尼斯。

我自懵懂时，似乎便与异国语言结下了不解之缘，美其名曰“缘分”。其实当初只是因为被迪士尼可爱的米奇玩偶所吸引，从此便走上了学习英语的“不归路”。回首我与英语“相爱相杀”的十几年，渐渐明白了，它之于我，已超越仅仅是一种语言的概念，而成为我梦想的组成部分。对于英语，我热爱之，向往之。我也曾遭遇瓶颈，可并不曾有一丝放弃的念头。毕竟，所有坚持都源自热爱。

“喜欢一个人，始于颜值，陷于才华，忠于人品。”想过用许许多多华丽的辞藻来形容一个人，最后却发现他值得所有美好的词汇。我不会做出什么轰轰烈烈的大事，只是默默在心中立下誓言：要变成一个更好的自己，有朝一日亲眼见到他，站在他面前。即使他可能永远不会知道有一个人曾经把他当作动力之一。

有一个地方，叫作威尼斯。无论是蜿蜒各地的水道，还是别具风情的建筑，抑或是夸张华丽的面具节，似乎都蕴藏着一种魔力，令我憧憬之、神往之。魂牵梦萦的水城，至少要亲眼见过一次，才不负那一份游历的渴望。

写出的、未写出的，已经发生的、将要发生的，许许多多，在这里不能一一道尽。只是在摸爬滚打中悟出一个自认为是道理的道理：不忆过往，不畏将来，现在是我所能拥有的时光中最真实、最美好的模样。

愿你珍惜眼前时光，乘风破浪，抵达心之所向。

……………………………………………………………………………………

【点评】

不忆过往，不畏将来，当下是自己拥有的最好的时光；不骄不躁，不屈不挠，不卑不亢，实现人生的三大目标“学好英语，见到男神，去威尼斯”，引起了读者共鸣，也想去世界走一走，看一看。语言真实感人，字里行间流露出人生的姿态——淡定，从容，是一篇很好的佳作。

莫愁远方，此刻即诗

崔浩彤

生活不只有远方的诗，还有眼前的温暖与美好。有时候，过多地憧憬未来、担忧未来，抑或是怀念过去、懊悔过去，都会让我们忽略了这一刻的风景独好。莫愁远方，此刻即诗，人诗意地栖居在这片大地上，过去是，将来是，现在也应当如此。

要说此刻即诗，我想先说父女母子之情。

“河流唱着歌很快地流去，冲破所有的堤防。但是山峰却留在那里，忆念着，满怀依依之情。”长大了的人，会不可避免地见识到大千世界的五彩缤纷，会不甘被束缚在小小一隅的屋檐下，会急切地想要去追求小时候不曾得到的东西。可是，我们当然应该记得，有那么两个人，在永远永远地牵挂着我们、热爱着我们、依恋着我们。如果说小时候的亲情伟大得像全世界，年老后的亲情珍贵得让人想用全世界来换取，那么当下的亲情不应该美得像诗一样？抽时间给他们打一个电话，和他们分享自己的进步与快乐；记住他们的生日，准时送上祝福，如果不在他们身边，就打电话告诉你早在房间里准备好的礼物；放假的时候多和他们聊一聊，一股脑倒出自己身边的新鲜事，也让他们讲一讲在没有你的日子里，他们的时光如何度过。让小河永远环绕在山脚下，让山河之间时常响起天籁般的欢声笑语吧。

不愁远方，此刻即诗。眼下的这三年，可能是你目前人生中最为闪耀的一段日子。在十六七岁的年纪，在住校的日子，我们前所未有地遇到了披星戴月陪伴我们最久的最可爱的老师；遇到了从天亮到天黑一起奋斗、吃喝玩乐学在一起的伙伴；遇到了一见到就想要微笑、可以谈天说地无所不及的知己。“树在，山在，大地在，岁月在，我在，你还要怎样更好的世界？”也许，眼前这个你，眼前这个我，就是再也不会重新遇到的最好的我们了吧。

不愁远方，此刻即诗。我们每一个人，都要留着所有的力气，让自己变美好，好到配得上这段最美的年华。做一个快乐的人，快乐到时常笑得不能自拔，并且，“我笑，便面如春花，定是能感动人的，任他是谁”。做一个卓越的人，卓越到时常学习得不能自拔。因为，“我想做的每一件事，都值得全力以赴”。做一个知足而不轻易满足的人，学会珍惜也要学会出发。因为，“哪怕那山再清，那水再秀，那风再温柔，太深的流连便变成了一种羁绊，绊住的不仅有双脚，还有未来”。做一个热情而不失原则的人，明白“至人之用心若镜，不将不迎，应而不藏，故能胜物而不伤”。学着做到“你走，我不送你。你来，无论多大风多大雨，我要去接你”。最后，做一个心静如水的人，在偶尔失意的时候，学会等一等、静一静、沉一沉，“不要扬起你的尘土，让世界自己寻路向你走来”。

活在这珍贵的世间，阳光温柔，水波强烈，何必总费心思去寻找那很久以前或是很久以后的远方呢？就在此时，就在此刻，就是此地，就是此身，我们已经拥有了最美的诗一样的年华。

一粒沙里看出一个世界，一朵野花里一座天堂，把无限放在你的手掌上，永恒在一刹那里收藏。

【点评】

文章题目新颖、文思敏捷、意愿纷呈，字里行间流露出对当下的乐观；思想感情的细腻让人惊讶，有着与同龄人不一样的心境和世界观；作者有深厚的文学功底，三毛、汪国真、张晓风的散文诗一般的语言信手拈来、驾轻就熟，既彰显深度，又诗意盎然。

你想成为什么样的人

薛冬月

你想成为什么样的人，无关理想，无关职业，它是来自内心最热切的渴望，正如盛开在三月的樱花，虽犹存寒冬的冷气，却充满对生命最炽热纯真的向往。

孩童时代，想成为一个一直活在过去的人。时常在夜阑人静之时脑海中回想闪现出上一年温馨快乐的时光，为无法重抵过去而哭泣：想成为一个勇敢的人，少时的怯懦让我连问老师一个问题的勇气都没有，让我被老师提问时双腿颤抖不止，让我在别人面前跑步都会感到不自然。现在回想起来有些好笑，但是回望时光的隧道，那个扎着马尾的女孩已成为永恒。

进入初中，似乎脱去些稚气，但更多的是无助与徘徊。升入当地的重点初中，周围的同学让我难以望其项背：总有一个人，在历史老师谈及某个话题时，可以滔滔不绝地串联起华夏五千年文明的脉络；总有一个人，可以在数学老师抛出一个个难题时给出一个巧妙的解法；也总有一个人，在刚升入初中时就已经在钻研大学的物理课程……只是这一个个都不是我。毫无才能、智力平庸，心中发出最真切的呐喊——我想成为可以被别人认同的人。尝试着勇敢，每一个比你优秀的人，出现在你的生命中，不是让你去仰望的，也不是让你去嫉妒的。一次又一次鼓起勇气，迎着不屑的目光，顶着些许的白眼，向老师请教一个个看似再简单不过的问题。尝试着去改变，隐藏起自己的骄傲与自私，对朋友敞开心扉，以真心对每一个人。那时我明白，出现在生命中的优秀的人，是在时刻地提醒你，成为像他一样的人。那时，我想成为被老师铭记、被同学铭记的人。

进入高中以后，尽管面临着学业压力，这个问题仍一直萦绕在脑海，我想成为一个坚强的人，即使一次次被击倒，仍能含着泪微笑，带着伤痛前进；我想成为一个因自己的存在而让别人感到温暖的人。那天是教我的英语老师的最后一节课，她的一句话让我至今小心翼翼地留存于心："成为一个有温度而又有高度的人。”开始去改变，相信别人一句刺耳的话不过是无心之语，相信别人的冷漠仅是因为自己不够热情，相信每一个比自己优秀的人都是上天送给自己的礼物，相信每一次的结束都会有下一次更美好的开始。

你想成为一个什么样的人？直到今日，我仍旧不断地问着自己。浑身上下都是缺点，要让自己每天都更加接近自己想成为的人，只有不断努力、不断前进，向前一步永远比站在原地更加接近幸福。

【点评】

文能言声，文章正是心灵的反映，可以很真切地感受到作者内心的敏感、细腻、怯弱还有对优秀的渴望。人生的路途确实很曲折也很漫长，但只要你努力执着地往前走，成功的桂冠必将属于你，你终究会成为你想要成为的样子。

你很好，我也很好

孙彤

其实一直不知道自己想说些什么，或者说，能说些什么。我知道的东西很少，办事也不利索，每天只会傻乐。前一段时间也曾想过一个主题，题目是《只要你想》，是想说关于选择和坚持的，最终作罢，是因为词穷，也是因为自己还不够努力。所以，今天我的题目是《你很好，我也很好》。

起初，是一个阳光晞晖的午后。记得那天，艾佳豪情万丈地“分享”了自己的弟弟，一个会给大姐藏零食的坚强的小帅哥。她说：“小孩子的世界都是很单纯、很美好的，他们是最澄澈的天堂。所以，下次见到他们，一定要友好，你的一个微笑可以让他们小小的心灵对这世界多份信任。”于是那天下午的体育课，就有一个天使般十三四岁的小伙子，被一群怪姐姐调戏了。我分明记得，在快走远时，他扭头笑了，很纯粹，很美好。他的这份开心，明媚了大姐姐们的整个下午。

微笑不只是对孩子。为我们送水的老大爷，花白的头发，方方正正的脸，还有一撮小胡子，亲切正直，像自己的爷爷。有一天条件反射地向他微笑问好，他眼神中尽是疑惑和惊讶，盯了我半天，好像我是老大爷他是小姑娘。后来他又羞涩、又腼腆地说：“你好你好。”其实还有我们保洁的阿姨，我们食堂的工作人员，我们的宿管，当然老师就更不用说了，他们的工作都很辛苦，并且都是为我们服务的，没事儿就多冲他们笑笑吧，跟他们说说话，即使是最肤浅的“吃饭了吗”，即使是最简单的“要开心哦”，他们可能就多了一份付出的动力、多了一个微笑的理由、多了一种生活的乐趣。

这次放假留校，做一个关于 VR 高考训练教程的拍摄。面对一个毫不认识的团队，还是会紧张、会怕，但我想，“怕什么呢，你一看就是一个可爱的小姑娘”，于是总是见人就打招呼问好，发自内心地笑一笑。

走在路上，也会和不认识的人招招手、笑一笑。谁规定只能和认识的人打招呼？我试验过无数次，没有人会漠视我的善意，他们或给你一个微笑，或微微颔首，或给你一个惊诧但善意的眼神。

有时候会想一些异想天开、奇奇怪怪的问题，比如，我为什么是自己不是别人，我为什么会思考，为什么世界是这样的不是那样的，世界又是什么……想到生活在这个世界如此真实，便觉得很幸福，生活很美好。老师像家人，学校像家，每个人都很可爱，都很美好。希望每个人都开开心心的，像甄微老师说的正电荷那样光芒万丈，散发友善与正能量。

让世界因为我们的存在而变得更好一些，现在马上行动，第一步便是不要吝惜你的微笑。

【点评】

从生活的点滴小事取材，细节抓得很好。语言口语化，平直、朴实的叙述，简单但饱含感情，同时可以感受到作者思维的活跃、内心的开朗和性格的友好。结尾应对主旨升华，加以点题。

世界以痛吻我，我要报之以歌

张艺瑶

之所以想到这个话题，源于前段时间读了一篇文章，文章结尾写道："世界以痛吻我，我要报之以歌。"这句话源自"世界以痛吻我，要我报之以歌。""要我"和"我要"，似乎只是将两个字交换了一下位置，却代表了"主动"和"被动"两种不同的人生态度。当然在这两种态度之外，还有一种态度是逃避。

世界以痛吻我，我要报之以歌。这篇文章的作者有个朋友抱怨生活给自己痛苦，想要放歌，却发现喉咙干涸、无歌可唱。其中固有我们在生活阅历和能力方面的不足，却暗含着不打自败的无奈。不是无歌可唱，而是你紧闭双唇，因此不要抱怨生活的伤痛割伤了喉咙。直面生活，改变自己，换一种态度润湿喉咙，用心灵歌唱。

世界以痛吻我，要我报之以歌。在我看来，这"要我"二字，体现的更多是一种因环境改变而不得不做出的调整。环境迫使我改变而不是我去改变，缺少一种我愿意并主动去做的态度。伴随我迈入初中的脚步，弟弟妹妹也悄然到来了，我的生活发生了不小的改变，从舞台中间转移到幕后。爸爸妈妈因为两个小生命的到来，整天忙碌着，早已顾不上我了，我必须要自己照顾自己。即使学校离家只有几百米，但除了中考那几天，我从没在家吃过一次午饭。我学着在弟妹的哭闹声中专心不移地学习，心中却带着不甘和诸多的委屈，更多的时候是带着赌气的感受面对自己的生活和学习。但生活是公平的，因为这样的经历，所以衡中的住校生活并没给我太多的困扰，我很快便适应了。环境迫使我改变。当然被迫报之以歌的过程是痛苦的，缺少一种在面对困难时的主动性，因此在面对困难的过程中，就不得不面对因之而产生的内心抗拒。要学着去改变，更要学着去接纳。回想初中的三年，我如果不是被动地去适应，而是主动地迎接生活的挑战，收获的又何止是这些。

世界以痛吻我，我要报之以歌。不是困难要我改变，而是我去改变困难。这种人生态度更多地体现在面对困难的主观能动性上，主动寻求解决问题的方法，享受克服困难过程带给自己的愉悦和幸福感，这又何尝不是人生的一种体验？在文理分班后，数学是我最大的痛，那段时间近乎盲目地把所有的经历投入到数学学习当中，考试时不但数学不见起色，其他几科也变得平平常常。那段时间，先辉主任强调要固强补弱，我试着改变，在不影响原来的学习节奏上，一点点调整自己的时间和方法，在主动面对挑战并积极调整的过程中，我的强项得到了巩固，弱科也略见起色。在此过程中，我收获的不仅仅是这些，还有面对挑战时，一种开放包容乐观的心态和坚定的信念。

生活带给我们的一定不只是坦途，更多的时候是荆棘和磨难。面对困难，有了乐观的心态做助力，有了坚定的信念做引领，有了坚定的步伐与生活的伤痛做斗争，终会收获一个精彩的人生！

……………………………………………………………………

【点评】

作者从“世界以痛吻我，要我报之以歌”获得灵感，结合文章来看，作者面对生活的痛，确实是报之以歌，积极地去改变自身，克服困难，事例也体现得比较明显。但美中不足的是，开头“逃避”的人生态度全文并没有体现，而且在开头给人一种隆重介绍的错觉。

请珍惜当下

李若彤

生活中的我们总是在仰望和羡慕着别人的幸福，却从未发现自己也在被别人仰望和羡慕着。我们常常眼红一些人的家世显赫和所谓的“含着金汤匙”出生的光芒，却不知道自己的生活与山区里的孩子相比不知富裕多少；我们也常常暗地里埋怨自己没有姣好的容颜和迷人的外表，殊不知拥有像我们一样健康的身体是多少残疾人士的奢求。摘不到的星星总是更闪亮的，溜掉的小鱼总是最美丽的，我们一直在追逐的路上，其实身边那些我们认为理所当然的存在才是最值得珍惜的。

请珍惜你的父母。你还有很多时间可以慢慢来，你的青春正在绽放，然而岁月不饶人，我们的父母已经开始衰老。前者只是一瞬间的断裂，后者却是在你不经意间慢慢侵入你的生活——在父母手上的老年斑里，在他们逐渐瘦小的身躯里，在他们日渐微弱的声音中。这一改变一开始是细润无声的，逐渐是大张旗鼓地，最后在你丝毫没有防备的时候以触目惊心的方式赫然出现。上次回家，洗完澡后，我妈嫌我手笨，非要帮我吹干头发。当我有些局促地站在妈妈面前的那一刻，才猛然发现，那个曾经一直被我仰望的高度已被我超过。妈妈欣慰于我的成长，我的心里却泛起了阵阵涟漪。在我们幼小的时候，是父母牵着我们肉嘟嘟的小手走过一个个沟沟坎坎。总有一天，会轮到父母颤颤巍巍地伸出双手，等待我们的扶持。不要拿“等我长大了就会怎样的借口”自我安慰，一切就从现在开始，爱就付出行动。

请珍惜你的朋友。据说前世五百次的回眸才换来今生的一次擦肩而过，拥有一份真挚的友谊，拥有一个知心的朋友，是我们毕生所幸。幸运的是在衡中，我遇到了我的毕生所幸。毫不夸张地说，她是我第一个想要倾尽所有真心对待的人。我们会在上体育课时四处张望，彼此心照不宣地走向对方。一次回宿舍路上，她跟我说了一句话，让我真的很感动，她说："若彤，看到别人成绩好，就会不由自主地忌妒；可我对你不一样，看到你考得好，我是真心为你高兴，真的。"顿时感觉一股暖流涌上心头，真正的朋友莫过如此，看着你幸福的样子，幸福着你的幸福。那一刻我决定把她作为我一生的珍宝，小心翼翼地呵护。友谊真的是这个世界上最美好的东西，你知道除了亲人以外还有一个人在牵挂着你，为你恼为你笑为你愤愤不平，又会调侃你的笨拙。所以不奢求天长地久，只在乎此刻拥有，珍惜在你身边每一个值得你真心相待的朋友。

明天也许很美好，可是你所能抓住的只有今天，所以请珍惜每分每秒，不要等失去才知道后悔，不要让生命饮恨在荒废的时光。珍惜你生命中出现的每一个人，珍惜生活中每一个美好的瞬间，爱就大声说出来，让爱你的人和你爱的人多一份幸福。

【点评】

作者选取身边最亲近的父母和朋友作为素材，结合自身经历，娓娓道来。透过对一些不起眼的小细节的描写，表现了亲人之间、朋友之间的爱。语言自然晓畅，能把人与物、情与理写得血肉饱满、精辟透彻，并且文章哲理浓郁、耐人寻味。读完这篇文章让人很感动，也很让人震撼，尤其是开头段，十分深刻，能够触动内心。

追寻内心的田园梦

郝新雨

《向往的生活》记录过三位明星守拙归田园的村居生活，表达了人们对逃离喧嚣、避开拥挤、回到农村、呼吸自然空气的向往。回归田园，满足了人们对恬淡生活、对美丽自然的渴望。远离外物的浮华，追寻心中的田园梦，是很多人的梦想。

刘禹锡的陋室、欧阳修的醉翁亭、苏轼的西湖……古人高于我们，是会享受生活的。即使仕途失意坎坷，通往安逸生活的船一票难求，但他们还是如此乐观地面对生活、享受生活、自得其乐。在进不得志时便退一步，追寻心中的田园梦，抚慰内心的宁静。

追寻心中的田园梦，亦是追求一种淡定从容的心态。杨绛先生说：“我与谁都不争，与谁争都不屑。”在百年之际，她愈感到人生最曼妙的风景是内心的淡定与从容。世界是自己的，与他人无关，所以，我们应抛去外物的浮华，在孤独中升华自我，才能保持从容，于举手投足间散发出别样的气质。

心中的田园梦，心中的田园生活，是与现实中的浮华相对而言的，是一种安贫乐道、不慕名利的生活。佩雷尔曼追求的正是这样一种生活。《科学》杂志曾以“本年度科学最大突破”为标题承认他破解了庞加莱猜想，国际数学联合会决定将有数学界诺贝尔奖之称的“菲尔茨奖”授予他，然而他的举动惊动了世人——他竟拒绝领奖。他说这个奖跟我没关系，如果证据是正确的，每个人都能理解它，那也不需要什么肯定。他安贫乐道、家徒四壁，与蟑螂为邻，在附近的森林里找蘑菇，不追名逐利，不过富裕的生活。他不只视名利如浮云，更视名利为追求真理的敌人。

追寻内心的田园梦，便如那些武侠人物一般，寄余生于山林乡野之中，不需要叱咤风云，不需要万人敬仰，只求尽情享受自然之美、平淡之美，于繁华洗尽之后，留一声鸟鸣于自己的心中。

追求内心的田园梦，给自己繁华的内心留一丝空白来填写宁静。在宁静中我们感受到自己对淡然的追求，抚平内心的功利。当我们被日常中繁杂的事物弄得疲惫不堪、心烦意乱、十分焦躁时，畅想一下自己内心的田园梦，也许就会豁然开朗。

我也渴望在一个春天的早晨，走出繁世，去乡间、去山林，去感受那清脆婉转的鸟鸣，去慢慢平复自己的内心，感受内心的一份宁静，并悄悄地将那一声鸟鸣留在心底，待多年后，将它拿出来晒晒，回忆当时的美好。

追寻心中的田园梦，不为名，不为利，只为心中的那份宁静。

【点评】

开头以电视节目吸引读者，引人入胜，接着以古今中外的例子讲述自己的田园梦，紧接着又论述了怎样追寻自己的田园梦。语句通顺，句意流畅，精炼有力，有较强的语言表达。同时可以读出作者对田园生活、复归自然的渴求，对内心宁静的渴望。

人间于我

张梦圆

2016年，《人间》这首歌被我单曲循环了上千遍，连播放器都记得，其中“天大地大，世界比你想象中朦胧，我不忍心再欺哄，但愿你听得懂，但愿你会懂，该何去何从”成为我对“人间”这个名词的懵懂印象。

2017年的尾声，zmy给我看了一首诗，让我有种久违的、心被一枪“砰”地击中的感觉。

直到2018年的第一天，我的愿望是能够打碎自己，重新来过，然而令人沮丧的是，时至今日，我依然不知道该何去何从。人间于我——厌世与恋世之间，究竟有多远的距离？

在学校待久了，就很想回北京去坐地铁。从走进地下通道时就开始欣赏这个真实的人间，不自觉地脚步加快，看着匆匆而过的每个人几乎一模一样，披散的长发下浮着精致的妆容，神气骄傲又空乏，脚下的高跟鞋嗒嗒地踏出她们早习以为常的生活。我看着这情景，开心得忍不住想要笑出声来：我的青涩是多么可贵，大大咧咧没有形象，这是比她们的美丽要珍贵得多的年轻资本。

呼啸的地铁风席卷而来的是冰冷的城市温度，汹涌的人潮即使涌动着也是一摊麻木的死水，这样的环境让我心跳得更加急切，却几乎是欣喜的频率：我庆幸我能以居高临下的姿态观赏人间烟火。

世界缓缓在我眼前流过：我挺起胸膛走进北京的国贸、蓝岛、世贸天阶，穿行在玻璃森林般的CBD里，尽管有些商品价格昂贵到让人触目惊心，摸都不敢摸一下；我也可以早起走上十里地到衡水学校后面的小侯村去赶大集，只买两个土豆，去看集市上那些小碎花布的棉裤厚到甚至可以自己站起来。我知道这世界有形形色色的人和林林总总的事，更有牵牵绊绊、割舍不断的情怀，这都是人间本来的模样。人间于我，代表着很多很多，所以我才会如此敏感地、不加怀疑地倾注心血——非要从一片落叶里窥探整个秋天的悲戚，非要从一个眼神里揣度人的思想。由此看来，我心心念念的都是想欣赏这个精彩的世界，这样一个缤纷美丽的人间怎么会让人舍得离开？读万卷书，行万里路，在人间走走停停，优哉游哉。

但其实我心里也很空虚，怕自己是个没有意思的人，是没有趣味或者是没有脱离低级趣味的人。学习越多的知识，结识越多的人，接触更广阔的世界，就越觉得迷惑和怀疑，诚如杨绛所说“读书太少想得太多”。“大老板”在五调后那一节“探讨人生课”也忽然让我明白，“想不出答案的问题”不是没有答案，是你不行，或者说现在不行。所以，我决定接受“大老板”的教育——“少说话，刷题就行了”。

事实证明，父母长辈总是以他们吃过的盐、走过的桥嘲笑我们自以为是的思想，哪怕再据理力争也还是无力辩驳。他们把“我觉得你很幼稚”作为对你三观的评价，但这都无所谓，被别人认可并没有多重要，保持自己清白正直符合社会主义核心价值观才重要。所以，别自命不凡了，别叽叽歪歪了，尽管有吃有喝不一定不愁，但从现在认真生活，能决定未来是否还能有吃有喝，决定你以后是愁温饱还是愁向哪个项目投资上亿。

或许放下重负真的很难很难，可我们依然要热情且含笑地生活在真实的人间，所见所感用心体会，做个眼里有星星、笑里有雨滴的好姑娘。

有很长一段时间，我每天都做梦，梦里穿进记忆的海，精彩至极，这才是真正活在梦里，慢慢地我把它当成了我的超能力来和平共处。以前我心心念念的像《无头骑士异闻录》（我超爱的番）一样的非日常已经结束了，我是很普通的人，该过很普通的生活。海一望无际，但我不在梦里了。

朴树不仅有“我活得不耐烦，可是又不想死”的感叹，他也有着《生如夏花》里的“这是一个多美丽又遗憾的世界 / 我们就这样抱着笑着还流着泪 / 我从远方赶来 / 赴你一面之约 / 痴迷留恋人间 / 我为她而狂野”的表达，人间于我，到底是怎样的，还是留给以后的我再回答吧。

春天来了
我去小溪边砸冰
把春天砸得头破血流直淌眼泪

到了花开的时候
它就把那些事儿忘了
真正原谅了我

【点评】

其实看到最后这首诗的时候，的确有一种同作者一样的久违的心被一枪“砰”地击中的感觉。透过文字，大概可以感受到作者的困惑，也可以说是焦虑。作者以细腻的笔触向我们展示着岁月流逝给她带来的措手不及。其实成长就是这样，很多时候是没有做好十足准备的，但时间的脚步从来不会停留。可能“到了花开的时候，它就把那些事儿忘了，真正原谅了我”。

不说再见

贾诗怡

当时光的脚步踏着冬天的背脊走完了一年，当季节的风送来了一个美好的祝愿，当我们用生命的又一个里程在岁月的末端写下了圆圆的句号，当我们站在时间之岸遥望昨天，我深深地感到：正是我们经历过的每一个瞬间、每一份记忆的堆积，才成就了现在的我们。就如席慕蓉所说，“记忆是无花的蔷薇，永远不会败落”。当溯洄从之，一切历历在目，我发现过去的每份记忆都弥足珍贵。伫立在新一年的起点，我们要带着美好的回忆走向远方，我们——不说再见。

不说再见：这是童年的回忆

童年是一生最美妙的阶段，那时的我们是一朵花，也是一颗果子。犹记童年最喜欢画画和做手工，一张张卡纸、一盒盒彩笔渲染了我的整个童年。每当做完作业之后或是遇到烦恼的事，我便会坐下来，静静地叠一些小花篮、小荷花之类的东西，也会完成一幅满意的画作。每当完成之后，我不仅会收获父母的夸赞，还会收获一份满足感、一种与乐趣为伴的幸福感。

童年的时光很短暂，但拥有一种乐趣，便可以让心静下来，去点缀希望、渲染梦想。现在的我们，也算是过着一种简单的生活，不需要多余的东西，只需把一颗心交给学习。当心烦意乱的时候，放下手中的书本，听听内心的声音，告诉自己：我的背后始终有温暖的东西在支撑着。

新一年，我们 18 岁了，成长的路，不说再见。

不说再见：淡淡的枣香和您的微笑

姥爷家有两片枣树地。小时候，我时常在姥姥家住，最难忘的便是和他们顶着炎炎烈日去摘枣。

枣树地里装着我数不清的快乐与烦恼。地里的草、叶、大石头，还有从家里带来的“小锅”“小盘”，便成了我“玩家家饭”的最天然美妙的场所。虽然没有什么玩伴，但“一个人的孤单”也可以成为“一个人的狂欢”，地里的一草一树便是我最好的朋友。

再长大一点，我便学着摘枣子，不同时段摘枣子的标准也不一样，早期要摘大的，到了后期便是大部分都可以摘了。我最喜欢摘大的枣子，提一个小篮子，在枣树之间蹦来蹦去，也会为摘到“双胞胎”枣而欢呼，那是一生最无忧无虑的时光。当然也有一些痛苦的回忆，像被蚊子叮得满身是包，再如被枣树枝上的刺扎到手痛得直哭，但被姥姥扯一块布包扎后便会奇迹般好了。

长大后，我越来越少回到那片枣树林。姥姥姥爷虽然上了年纪，但还是不辞辛劳地坚持培育那些枣树。这么多年了，这些枣树的树干上结了一个又一个圈，它们是我成长的伙伴，记忆里的一个个盛夏，有淡淡的枣香和姥姥姥爷的微笑。

寻常是美，朴素是美，亲情是美。上了高中之后，半年只能见一两次姥姥姥爷，每次见面便更加宝贵。但我不会忘记，是他们的鼓励扶我踏上征程，是他们的爱让我穿越了风风雨雨。

把那句叮嘱藏在心间，新一年，亲情永远在身边，不说再见。

不说再见：巨崖回音

去年快开学时，我和爸爸妈妈去了一趟嶂石岩。因为时间短，我们就重点游览了“回音巨崖”景区，观看了世界上最大的天然回音壁。

沿着山路往上走，不时听到游客的喊声，十几分钟后，回音壁终于出现在我们眼前。站在山崖前的小路上喊出一声声“啊”，仿佛声波的镜子无形中伫立在前，空谷悠扬，清晰透亮，满山回荡，喊出来是一种释放，一种心灵的解脱。站在回音壁前，我仿佛听到了自己内心的声音，仿佛看到了最初的自己，清晰无比。

青春是一个梦，让你拂去任何虚妄的痕迹，用坚实的足音将它羽化为现实的辉煌。我知道爸爸妈妈带我来这儿是为了让我把学习的压力释放出来。有时，自然的力量可以超越一切。高山流水白云间的回音巨崖用它的回声告诉我：做最好的自己，不忘初心，一路向北！

“溯洄从之，道阻且长”，当我们追忆似水年华时，过去的历程山高水长。

在这条路上，缺少了哪一个瞬间，都无法溯洄过去，抑或溯游到现在。

如果有时间，就回想一下过去，回顾过去是如何汇成现在的，内心一定会有一份感动，必将充满前行的力量。

愿每个人都能溯洄从之，怀揣那些回忆上路，我们的冬天不会再是严寒，新一年，我们并肩作战，不说再见！

【点评】

回忆往往能够让人产生共鸣，这篇文章也不例外。作者回忆快乐的童年、淡淡的枣香、外公的微笑，用朴实无华的语言向我们娓娓道来，饱含深情，饱含着对曾经美好生活的眷恋和对未来道路的信念。溯洄从之，道阻且长。不说再见，来日方长。

眼泪为何而流

林夕

一

泪水，流下，划过面颊，
冲破灰尘的封锁，
留下一道沟壑，
又一道。
心若向阳，无所悲伤，
三千弱水，无波无澜。
心若止水，无喜无悲，
泪水流过，究竟为何？
喜极而泣！

久盼的人归来，
久等的事发生，
付出的努力被证明，
失去的一切被偿还，
曾默默守护，
今悄然绽放。
时光如一位老人，沉默睿智，
时光如一瓶佳酿，历久弥醇，
于无声中，解释真理，
在守望中，震撼人心，

因悲生泣！

寻遍天涯，知己不逢的伤，
诉尽衷肠，反遭白眼的痛，
尘世凡间，轮回滚滚，何时可以解脱？
天下苍生，来去匆匆，又有谁可听心？
四海八荒，生在何方，岁月该如何安放？
落花漫天，缥缈无痕，真相去何处找寻？

二

人生何须多辉煌？
乱世倾塌，流年飘飞，往事随风，浮华成空。
临镜自观，鬓白如霜，回首以望，茫茫为何？
歧路仍在，前涉何难！泣血和泪，何事犹存？
夏蝉冬雪，轮回不止，空灵雨夜，斜月残萧。

一世只需两知交！
深冬几度，容华谢后，苍老年华，对影成双。
青篱檐下，煮酒烹茶，灯火竹帘，梦中方曳。
伊人何在？故友何存？四海之外，何处可寻？
白纸画卷，矮纸斜行，抬笔又止，弃笔长叹！

泪洒长空，何止风割面颊，烟弥眼影？
泪落千行，怎如希文之志，不喜不悲？
泛珠万顷，仅因泪腺受刺，眼中如沙？
天降甘露，岂无悲喜之情，感余之伤！

叹，千年余韵！
感，万世沉浮！

哀，百代留史！
悲，他生起落！

回望，屈子悲歌汨罗江畔，九歌天问，泣泪离骚。
伤怀，昔桃园三结义，今蜀地飘零逝。
痛心，魏忠贤把持朝政，东林党血洒锦衣。
默念，牛郎织女隔天望，白蛇许仙一塔分。

忆昔日，廿四孝子孝感动天。
恨今朝，孤寡老人散落乡野。
奈何，斗转星移，昔人已去，悲情已去，伤感何存。

旧事重提，记忆的窗被打开。
朝花夕拾，寻寻觅觅却已晚。
此情唯我结，泪水流下所为何。

心若喜或悲，洞察千古残歌，回首往事种种。
曾观三世，尘世凡间，不觉感伤。
穷回首，泪潸然，知为何。

夜深，云明，星稀。
雨细，云淡，声断。
光与影，虚与实。

谁在低泣？
看，流星划过天际，
这是天在哭泣。
听，泪水坠落于地，
那是心被遗弃。

后记：谁道无情？我只知道，看似无情之人必为用情至深之人，只是他们不会表露出来。

【点评】

读罢，惊叹于作者的词汇和文学功底，平日里没有付出一番功夫是达不到这样水平的。诗歌分成两部分，第一部分写作者的喜和悲，第二部分主要写作者的悲，也就是眼泪为何而流的原因。作者因英雄人物流泪，因凄美爱情流泪，因世事变迁古往今来流泪，因繁华落尽流年飞逝流泪……透过诗歌，可以体会到作者的铁血柔情、家国情怀以及至真至纯的深情。

聆听二十四节气的呼唤

王乐彤

“春雨惊春清谷天，夏满芒夏暑相连。秋处露秋寒霜降，冬雪雪冬小大寒。”这首二十四节气歌想必大家都不陌生，从童年牙牙学语时的初次诵读，到反复背诵中逐渐理解其字里行间的意蕴，透过这短短28个字，我们窥视到五千年绵延至今的农耕文明缩影，静听着祖先的谆谆教诲。读之，仿佛嗅到泥土的芬芳，听到麦芽拔节的声音，触摸到大自然原始的脉搏。

就让我们走入一年四季的轮回更替，聆听这二十四节气的呼唤。

春

有人说，华北平原的春天悄然而至，不易察觉，所谓的“立春”节气只是揭开了南国杏花、春雨江南的序幕，并不能结束北方寒风的肆虐。其实不然。只要留心观察，就会看到晶莹剔透的薄薄冰层下有清泉潺潺的流动，看到河堤上的柳枝渐渐变得柔嫩，若隐若现地带了些细小嫩芽，也会在不经意间看到一朵早开的迎春花，用一抹小小的明黄点亮了整片花丛——这便是立春带给我们的早春的贺礼。

在民间，人们有“打春牛”的习俗，伴随那一记清脆的鞭响，九九加一九，耕牛遍地走。无垠的田野上开始繁忙起来，人们带着“春种一粒粟，秋收万颗子”的美好愿景，开始了一年的辛勤劳作。

蓬勃的生机，便随着春意的加深，越发弥漫开来。

夏

随着夏季的来临，树木褪去了春天的青涩，换上一派郁郁森森的茂盛景象。碧油油的叶子映着连廊上一簇簇倾泻而下的紫藤萝花，映着放学归来的儿童嬉戏踩水的一串脚步声，别有一番趣味。

六月之初，芒种节气如期而至。“夜来南风起，小麦覆陇黄。”正如白居易诗中所说，北方的冬小麦迎来了收获的季节。站在田垄上放眼望去，一片金色的麦浪随风泛起阵阵涟漪，走近一看，一根根麦秆已经被沉甸甸的麦穗压弯了腰。摘一穗剥去外壳放入口中，甜津津的味道便在口中融化开来，仿佛含了满口的阳光，于是笑着说：“原来这就是夏天的味道！”

秋

“立了秋，把扇丢。”从小就常听爷爷奶奶这样说。自立秋起，酷热的暑气渐渐消退，昼夜温差渐渐变大，傍晚那丝丝的凉意提醒着人们秋的来临。

自古逢秋悲寂寥。其实初秋景色之绚丽，丝毫不亚于烟花三月。白露过后、秋分将至时，道路两旁的树木最好看：有的已染上了浓郁的金黄，有的尚存一点墨绿，大片的爬山虎更是迫不及待地换了红装，密密层层地铺满了院墙——行人们笑称：“有了这片爬山虎，倒是省了再去香山看红叶了。”

霜降过后晚秋来临，便颇有几分萧瑟之意了。飒飒的秋风使人不禁想起古今文人墨客的感慨：“枯藤老树昏鸦，小桥流水人家，古道西风瘦马”，此为天涯游子的思乡之愁；“梧桐更兼细雨，到黄昏，点点滴滴”，这是凄风冷雨中垂暮才女的悲凉之情。此刻仰望皎洁如霜的月光，更是生出对家乡的牵挂和对家人团聚的渴望来。这样看来，节气的轮回也牵动着人们的情思，孕育着诗意的源泉。

冬

立冬时节，很多地方都有吃饺子的习惯。“饺子”取意“交子之时”，即秋冬之交，也是新旧年岁之交。冬至过后，小寒大寒接连而至，北方便进入了“一九二九不出手，三九四九冰上走”的严冬季节。农历新年也进入倒计时，扫房土、买年货、贴窗花，一派喜气将隆冬点缀得热闹非凡。

记得那年春节和爸爸妈妈去雪乡过年，大年初三的夜里，屋内饭菜热腾腾的蒸气模糊了视线，只隐约看到屋檐上的大红灯笼映衬着茫茫白雪，有遥远的爆竹声从窗外传来。我不禁想到那首《元日》：“爆竹声中一岁除，春风送暖入屠苏。千门万户曈曈日，总把新桃换旧符。”莫说冬天荒芜寂静，其实这片寂静中早已孕育了来年的无限生机。

旧的轮回结束，新一年的二十四节气又将开始。

二十四节气是一幅有声画，画出华夏大地的风土人情和自然风光；二十四节气又是一首无字诗，书写着自然规律的更替和传统文化的代代传承。愿我们细心聆听这二十四节气的呼唤，爱我们民族智慧的结晶，更爱我们生活的土地与自然。

【点评】

视角独特，以四季变换描绘中国传统的二十四节气；以时间为轴，展开了不同节气时中华大地不同的风土人情和自然风光。从文章中能看出作者对于传统文化的热爱，同时对于生活有着细致入微的敏锐的洞察力。